JN153682

地球とハートでつながる

コネクション・プラクティスへの道

きくちゆみ

八月書館

序

あなたのハートと直観にしたがう勇気を持ちなさい。
あなたが本当になりたいと思うものは、それらが知っています。
ほかのことはすべて二の次です。
〈スティーブ・ジョッブズ〉

平和を求めて世界中を旅した私がたどり着いたのは、自分の心臓（ハート）でした。
コネクション・プラクティスを実践すると、自分の中に感謝が満ちて、
平和なこころが育ち始めました。
私が求めていたのは、これでした。

このスキルが地球の隅々に届くよう、残りの人生を使います。

地球とハートでつながる　目次

推薦のことば

2006年にカナダのビクトリアで開催された平和省地球会議で、初めてゆみに会った時のことは忘れられません。彼女がどれほど生命を愛し大事にしていて、より平和で持続可能な地球を創ることにコミットしているかは、出会ってすぐに明白になりました。

会議中、私はコスタリカの平和モデルについて日本に来て講演してほしいと招待されました。私はその招待を受け入れ、ゆみは私の講演旅行に同伴し通訳をしました。彼女は当時フリージャーナリストで、一時も休まずラップトップに向かい続け、より良い世界を創るために何が可能かを発信し続け、至るところの人たちとコミュニケーションしていることに驚きました。

その後ゆみは、私が創った「コネクション・プラクティス」（当時はBe Peaceプラクティスと呼ばれていた）を学びにコスタリカにやってきました。彼女はこの共感と洞察の組み合わせの相乗効果を受け入れ、マスターしようと努力しました。

2014年私は、ラスールになるよう彼女をアメリカに招待しました。ラスールとはコネクション・プラクティスを他の人たちに教える認定を受けた人のことです。

彼女は人びとが環境を破壊したり、戦争で互いを殺し合うことを恐れていました。ラスールになったあと、ゆみが「恐れ」から「つながり」に焦点をシフトさせるのを私は目撃しました。彼女はあらゆる人とハートでつながることにフォーカスし始めたのです。

コネクション・プラクティスが彼女の世界を変える最優先の手段になった時、彼女は永続する遺産を残す「愛」とも言える、本物の深いハート意識を達成したのです。

ゆみは今年（２０１９年）、ラスール・ファンデーション・インターナショナル（ＲＦＩ）の国際アウトリーチ・ディレクターに就任しました。彼女がその役割を担うわけは、リソースのないところから物事を生み出し、現実化することができる社会的起業家のスキルがあるからです。

彼女はラスールジャパンの創設者の一人であり、他の国々にもコネクション・プラクティスの種を蒔きたいと望んでいます。すでに彼女は平和と持続可能性に関して夢に描いたいくつものことを達成してきました。私は、彼女がこれからも深遠な考えを現実的に応用し続けることを知っています。

この本は多くの人のハートに希望の火を灯すでしょう。なぜなら、調和した人間関係と創造的な解決を導くような、絶え間なく触発される結果に根ざしているからです。

私たち誰もがゆみと同じような平和へのパッションを持って立ち上がり、あらゆる人びとがつながりのスキルを実践するような世界を創造できますように。

⌘リタ・マリー・ジョンソン
コネクション・プラクティス創造者
ラスール・ファンデーション・インターナショナル（ＲＦＩ）ＣＥＯ
『完全につながる』著者

はじめに

たくさんある本の中からこの本を手に取ってくださり、ありがとうございます。

あなたは人生にどんな問題が起きても、適切に対応し、回復するスキルを身につけたいですか？

あなたは過去の辛い経験が自分の今の行動を制限している、と感じたことがありますか？

あなたは今も癒えないこころの傷を抱えていますか？

あなたは人生を自らの手で切り開き、前進させたいですか？

あなたの生まれてきた意味を知り、魂のミッションを生きて、それをやり遂げたいですか？

あなたは一生をかけるに値する、やりがいのあるライフワークを見つけたいですか？

あなたは人生最後の日まで健やかに生きて、「あ～楽しかった！」「よくやった」と心安らかにこの世を旅立ちたいですか？

これらの質問に一つでも「はい」と答えてくれた人のために、この本は書かれました。また、人間や社会に対して疑問や不安を持っていたり、真実を求めていたりするなら、この本はあなたのお役に立てると思います。

最初はすぐに理解できなくても、最後まで読み進めてみてください。読むだけでも、あなたの「心臓脳」が活性化されて、素晴らしい変化が始まるでしょう。

本書は、私が日本でコネクション・プラクティス（以下コネプラ）を伝え始めてから起きた驚くべきことを綴った真実の物語です。さらに私だけではなく、コネプラを実践し始めた方々の人生が変わって行ったことや奇跡的な体験が記された書であり、それらの奇跡が起きる原理を科学的に説明した本でもあります。まだ日本ではほとんど知られていないハートマス研究所の貴重な情報も夫の森田玄によって紹介されています。

コネプラを実践し、伝え始めてからの私の人生は、ものすごいスピードで変容を続けています。私の過去の価値観は根底からひっくり返り、私の持っていた「強い信念」も変化しています。

特筆したい大きな変化は、自分と考え方が違う人に対しても純粋な興味を持つようになったことです。あらゆる人が何らかのニーズを満たすために、その人なりのベストを尽くして生きているのだ、という考えが身につきました。私の人生の目標もさらに明確になり、夢物語ではなくて具体的になりました。何より目標に向かって進むことにかける情熱とやる気は、20代で環境問題に目覚めた時のように、尽きないエネルギーとともに高まっています。

コネプラの講座を開く度に、私は受講生の気づきと変容の瞬間に立ち会います。人が自分のこころにある宝物を発見した瞬間に現れる、目の輝き、全身から溢れ出るエネルギー、そしてその人本来の姿の美しさは、何度見ても感動します。

コネプラを学んだ人の体験談は、本当に奇跡としか言いようのないものがたくさんあります。本書に収録したのは、そのごく一部です。

環境問題の解決に一途に取り組んでいた20代後半の私は、年々悪化する地球環境に絶望し、人間がガン細胞のように思えてなりませんでした。そして私がこころを許せる人は、同じように環境問題の解決に真摯に取り組む人や自給自足の暮らしをする人、世界各地の先住民などでした。それ以外の人間をなんとか変えようと、ありとあらゆることをやっていたような気がします。

無自覚な飽食の人や喫煙者、必要以上にお酒を飲む人、使い捨てのものを常用してゴミをたくさん出す人、病気になるようなライフスタイルを続けて病気になり医者に治してもらおうとする人などを変えようと、アドバイスばかりしてきました。

自分の家族だけ無農薬の野菜を食べて、出荷する野菜には農薬を撒く農家の人も嫌で、綺麗で形の揃った野菜を要求する消費者も嫌でした。

また、オーガニック商品や健康食品を世界中から取り寄せるカーボンフットプリントの高い人も嫌でした（カーボンフットプリントとは、個人の生活や企業の生産活動に伴って発生する温室効果ガスを、二酸化炭素に置き換えた場合の排出量の総量のことです）。


私は嫌だと思う人がたくさんいました。おそらく、相手も私のことが嫌だったろうと想像します。環境を守るためには人間（自分も！）が地球からいなくなったほうが良いとさえ、一時期真剣に考えていました。特にエネルギーや資源を浪費する先進国の人間は、変わるか、いなくなるべきだと主張していました。大量生産、大量消費、大量廃棄を助長する産業や企業は「環境の敵」と考えるので、周りは敵だらけです。武器の製造や販売で儲ける企業は、今でも変わってほしいなあ、と思っています。

そんな私でしたが、コネプラを実践し始めてから著しい変化がありました。大きい変化は敵味方という考えが減り、誰もが（自分の中にある）人類普遍のニーズを満たすためにベストを尽くしている、と考えるようになったことです。ただ、そのやり方や手段が私とは違うので、対立することや理解しづらいことは、今でもあります。

いま私は、日本でコネプラを教えることができる「ラスール（コネプラ認定トレーナー）」の養成に尽力しています。私たちが「つながりと本物さ」を保ちながら成長すれば、いずれ、日本中の組織、企業、学校、病院、政府、官公庁などからも、日本のラスールたちにトレーニングの依頼が来るようになるでしょう。

環境問題の解決も平和創造も（当たり前ですが）人間しかできませんから、人類の存続が大切です。人と人のつながり、相互理解と協力も不可欠で、その最初の一歩は自分のこころの平安から始まります。

人類は必ず進化して、地球環境を守り、平和に生きる日がやってくると確信しています。コネプラは、きっとそのお役に立てると思います。

私と玄さんは20年ほど健康コンサルティングの仕事もしています。コネプラを実践するようになってから、クライアントの健康改善に以前よりはるかに成果を出しています。「コネプラは個人の成長と職能の向上に役立つ」と基礎コースで教えていますが、まさにそれが自分自身にも起きました。

コネプラに出会ってからは、価値観が違う人同士が違いに感謝して、助け合って生きることが可能だと確信できるようになりました。むしろ、考えやスキルが違う人が協力することの方がよりパワフルだ、ということを（一般社団法人）ラスールジャパンの運営の中でも身をもって学び、体験中です。

日本人がコネプラを当たり前に実践できるようになったら、日本がどんな社会に変化するかを想像すると、ワクワクが止まりません。コネプラは、私が幼い頃から描いていた見果てぬ夢（＝平和な世界）が実現する可能性を秘めたスキルセットです。

その可能性を確信した私は、以前のように多くの人の前で自分の考えを主張することより、ご縁があって出会った受講生に「共感＋洞察＝つながり」というコネプラの教えを手渡すことを優先しています。コネプラを伝えることで、やっと私のこころに平安が戻ってきました。

２０３０年までに世界で１００万人がコネプラを学ぶことを私はイメージしています。それまでに1万人のラスール（コネプラを教える人）を養成して、日本から世界へコネプラを広げるつもりです。

私個人としての目標は、最初の１００人のラスールが日本で誕生したら、英語圏の国々へと活動の場を広げます。コネプラに惹かれる人は、学びと成長が大切な価値です。自分を含め、学び成長し続ける人間を愛してやみません。

私の人生は３・１１の時に一度終わりました。そして今、コネプラを伝え始めたおかげで、こんなに心踊る毎日を生きていることがありがたく、幸せです。

私にコネプラを伝え、ラスールになるように導いてくれたリタには感謝してもしきれません。コネプラを創り、ラスールファンデーションを設立し、つながりのスキルを今日まで教え広め続けてくれたことに本当に感謝しています。絶望していた私に声をかけ、手を差し伸べてくれて、本当にありがとうございました。

Thank you, Rita for creating and teaching me the Connection Practice.

いつかこの本を読んでくださったあなたと、コネプラの講座で直接お目にかかれる日を楽しみにしています。

コネクション・プラクティス認定トレーナー「マスターラスール」きくちゆみ

第1章　あなたが「ハートと調和する」と何が起きるのか

子育てにも使える魔法？

コネクション・プラクティスとはどういうものなのか、少しずつ説明していきましょう。

先日、私のハワイの家に若いお母さんがコネプラを習いに来たときのことです。

彼女はその日は子どもをベビーシッターさんに預けて来るはずだったのですが、頼んだ方とうまく連絡が取れず、学びの場に5歳の男の子を連れて来ました。コネプラを学ぶコースは基礎コースが1から3まであり、それぞれが12時間で構成されています。

会社に勤めるシングルマザーの彼女は、

「子どもがいると学びに集中できないので、1回4時間ずつ3回に分けて学びたい」

と私にリクエストし、私はそれを了承していました。

でもその日は、計画に反して息子同伴で学ぶことになり、

「ゆみさん、ごめんなさい。今日は子どもを預けることができなくて……」

と事情を話すお母さんの様子は、申し訳なさそうでした。

実は私の講座では、母子同伴であることがあります。私は子どもが学びの場にいることは、

自分や受講生のレジリエンス（しなやかさ、回復力）を高めることに役立つ、と考える講師です。

もちろん、たとえご本人が良くても他の受講生が子どもの存在で学びに集中できない場合は、子連れを遠慮してもらう、託児を入れる、などの対策をします。これまでの私の講座では、お子様連れでの参加希望がある場合、受講生全員の了承をもらっての開催となります。１０か月の赤ちゃんを抱っこしながら、講師をしたこともあります。

今回は、そのお母さんお一人が受講生だったので、私とご本人たち（母子）がよければ子ども参加は問題がありません。

でも実際に講座が始まると、お母さんは子どものことが気になり、学びに集中ができない時がしばしばありました。しばらく男の子は好きな映像をYoutube（ユーチューブ）などで観ていましたが、飽きてしまって我が家の中をあちこち動き回り始めました。

やがて私たちが学んでいるリビングの一角にあったダイニングテーブルのところで、その周りにあった6個のダイニング椅子をジャンプして飛び移る遊びを始めたのです。下はタイルの床で、もしも椅子が倒れたり飛び損ねたりしたら、怪我をしかねない危険な状況です。こんな時、あなたならどうしますか？

お母さんはハラハラし、困って、「危ない、おりなさい」と言っています。

でも男の子はジャンプに夢中なようで、お母さんの言うことは聞こえないようです。むしろ、どんどんスピードを上げて楽しそうに、ジャンプを続けています。

私はその時、自分がコヒーランス（脳と心臓が同期して調和している状態。コネプラのスキルのひとつ）になって、無言のまま男の子の方に背後からそっと近づいて行きました。そして私と彼の距離が1、5メートルぐらいまで近づいた時、彼は椅子の上ですっと立ち止まり、そのまま椅子に座ったのです。

そのお母さんは、びっくり仰天して、「ゆみさん、今の魔法みたい！　私もできるようになりたい‼」と言いました。

実は、私にとってもこんなことは初体験でした。こういうことが可能だ、と理論では知っていたけれど、本当に自分の目の前でジャンプに夢中だった男の子が静かになって座ったのには驚きました。コヒーランスのパワーと可能性を垣間見た瞬間です。

私はにっこり笑って、「今、そのやり方を教えています。練習したらできるようになるでしょう。私たちは誰でも自分が練習し実践したことができるようになります」と答えました。

そのあと男の子は、その日のコースが終わるまで、ほぼ静かに遊んでいて、母親も安心して学びに集中できたのです。

コヒーランスの練習を毎日続けていたから、こんなことが起きたのでしょうか。それともただの偶然でしょうか。それでも私は嬉しくて、この教えは、本物だ、とあらためて思いました。そしてたくさんの人に伝えたい、と。

また同時に、自分が子育てしているときに知っていたらと残念にも思いました。コネプラを知らなかったから、逆効果のことをして苦労したなあ、と。

これから子育てする方々には、コネプラを学んでコヒーランスを実践し、楽チン子育てを楽しんで欲しいな、って思います。

わたしは、わたしが練習したものになる

私はよく、旅をしながら文章を書きます。この原稿も、福岡の博多から高知の土佐山田へ列車で移動中の旅の途上で書いているので、旅をすること、時間を効率的に使うこと、文章を書くことを同時に練習していることになります。

さて、あなたは何をいつも練習していますか？　今はこの本を読む実践をしていますね。

今、あなたは本を読むことに集中していますか？　それとも、他のことが気になっているかもしれないですね。

読んだことはすぐ頭に入りますか？　本を読むのが早いですか？　それとも、ゆっくりですか？　読み始めたら最後まで読み終えますか？　それとも、途中でやめた読みかけの本がたくさんありますか？

本を買ったまま「積ん読」の本がありますか？　読んだことをすぐに人生に取り入れて、自分の人生を変えて行く人もいれば、読んでもすぐ忘れてしまう人もいます。その時は感動しても実際には行動しないことは、私もあります。

「本を読む」ことと「本を読んで自分の人生のプラスにする」の間には大きな差があります。本には著者がその人生をかけて学んで来たことが、ぎゅっと詰まっています。だから本をうまく活用すれば、読むだけで学び、成長することが可能です。自分が取り入れたいものを選んで練習を積めば、人生に変化を起こすことできます。

「あなたはあなたが練習（実践）したものだ」（You are what you have practiced）

この言葉を私は、ＮＶＣ（非暴力コミュニケーション）の先生の一人デイヴィッド・ワインストックから教わりました。

この言葉を初めて彼から聞き、それを私が日本語に訳してＩＩＴ（国際集中トレーニング）の場で伝えた瞬間、私に衝撃が走りました。

「まったく、その通りだ」と思ったのです。

確かに、自分の人生を振り返ると、時間をたくさん費やしたことや繰り返し練習し実践したことが、自然にできるようになっています。

たとえば私の場合、長年料理をしているので、料理が手早いです。美味しいものへの欲求が強いので、そこにある材料ですぐ美味しいものを作れます。小さい時から母親を手伝って来たし、彼女がパートに出てからは一人で、あるいは姉と二人で家族の食卓を整えてきました。結婚して家庭を持ってからは、家にいるときは必ず料理をしています。

旅好きで、身軽に気楽に旅をします。自分で計画して友達と遠くへ行き始めたのは小学生の時、泊りがけの旅を始めたのは高校1年生からです。海外一人旅は大学生から。行き先だけ決めて、自由な冒険の旅に出ます。

荷物は小さく、いつも機内持ち込みなので空港では一番早く外に出られます。人より荷物が少ないことに気づいたのは、小学校の修学旅行の時からです。「ゆみちゃんの荷物は小さいね」と言われ続けたおかげで、現在ではさらにコンパクトになっています。今回の2か月の海外旅行（日本旅行）でも、スーツケースは1～2泊用（機内持ち込み可能）の大きさです。

英語を話すこと、日英の通訳や翻訳をすること、教えること、人前で話すこと、書くこと、踊ること（最近はZUMBA）、音楽を奏でること（フルート）など、たくさん時間を費やしたことは上手になっています。パソコンは時間を費やしている割には上達していません（ちょっと、残念）。でも原稿を書くこと（タイピング）は早いです。

そして今は、コヒーランス（脳と心臓が同期し調和した状態）になる練習を、毎朝、ＦＢ（フェイスブック）ライブで発信しながら続けています。そのためには感謝できることを見つけて、感謝の気持ちでハートを満たす時間をなるべく多く取るように心がけています。このまま毎日やれば、きっとコヒーランスも上達するでしょう。

私は、私が意識的に練習し実践したものになります。

あなたは、あなたが意識的に練習したものになります。

1年後、どんなあなたになりたいですか？

5年、１０年後、どんなあなたになりたいですか？

それは今、練習実践していることで決まります。

川口久美子さんの勧めで「朝のコヒーランス」をＦＢライブで２０１８年4月２６日に始めました。何をやっても長続きせず飽きやすい私が、もう1年継続できそうです。この継続の成果が現れて、最近はレジリエンス（何か物事が起きてもすぐに対応ができ、こころの平安が回復すること）が高まっている実感があります。

ＮＶＣ（非暴力コミニケーション）の学びのためにも、随分たくさんのリソース（主にお金と時間）を費やしました。２００３年のアメリカ講演旅行中に、聴衆の一人から私はマーシャル・ローゼンバーグ（ＮＶＣの創始者）のテープをもらいました。これがＮＶＣとの最初の出会いでした。初めてＮＶＣを知ったこの頃に比べたら、理解と日常での実践が深まっています。

本格的に学び始めた２００８年ごろから、数多くのトレーナーについて学んできましたので、以前に比べたら人や自分を裁くことは減ってきました。強い信念が色々ある私は、まだまだ大変ですが、確実に変化しています。ＮＶＣの共感のスキルは、ハートマス研究所のコヒーランスのスキル同様、コネプラの基礎となる教えで、とても重要です。

１０年以上の歳月をかけて、ようやく私の共感力もついてきました。今でも身近な人間関係ではチャレンジがあるので、これからも日々練習し、さらなる実践を続けます。

大きな変化

時は２００７年のコスタリカ。

私が初めて、リタ・マリーからコネクション・プラクティスを習ったときのことです。午後の授業で、自分がコヒーランスにあるかどうかを計測する「エムウェーブ」の練習を初めて体験しました。自分の心臓と脳がどれくらい同期しているか、コヒーランスかどうかを計測するソフトウエアです。

アメリカから来ているアメリカ人受講生が計測すると、コヒーランスであることを示す緑色になっているのですが、私が計測したら、まったくコヒーランスになることができず、初回は赤色（反コヒーランスを示す）が１００％でした。

恥ずかしくて、自分にがっかりしました。そして、私にはこの教えは向いていない、と思ったことを覚えています。

その当時に比べると、今の私は格段の進歩を遂げています。そのことをうかがわせる最近の体験を、紹介します。

これは東京に向かうハワイアン航空の機上で２０１８年5月に起きたことです。

私が乗ったのはコナ発羽田行きの直行便でした。離陸して1時間ぐらいに機内で最初の食事を終えて、私はハートマス研究所の開発した携帯用の「インナーバランス」というソフトウエアを使って、コヒーランスの練習を始めようとしました。

インナーバランスは私のiPhone（アイフォーン）に搭載されていて、耳センサーで私の心拍数をリアルタイムで計測し、コヒーランスかどうかを目に見える形で教えてくれます。

私が自分のコヒーランス度を見ている時、一人の男性の客室乗務員が私のiPhoneを指差して

「それはなんですか？」と聞きました。

「これは心臓と脳を同期させるトレーニングソフトウエアです。私が今この瞬間、コヒーランス（脳と心臓が同期して調和している状態）か反コヒーランス（脳と心臓がバラバラで調和してない）か、を教えてくれます」と答えました。

そして笑いながら、

「私がコヒーランスになると周りに伝わり、みんなが穏やかになるの」

と冗談半分に伝えました。

そんな話をして間もなく、私はコヒーランスをしながら深い眠りに落ちました。

次に目が覚めた時は、もう羽田空港に到着寸前でした。いつもなら食べる機内食の時も目が覚めずに、ぐっすり眠っていました。

そのとき、搭乗直後に話をした彼が私のところにやってきました。そして、やや興奮気味にこう話してくれました。

「あなたの言ったことは本当でした。あなたの周りは本当に静かで、今回のフライト中、僕は何もする必要がなかったのです。本当にびっくりしました。ありがとうございました」と。

そう言われて、びっくりしたのは、私の方です。

私はただコヒーランスの練習をしながら眠り落ちただけです。それでこんな風に感謝されることになるとは、驚きです。

もちろん、このことが起きたのは私がコヒーランスになっていたからだ、とは断定できません。ただ、眠って起きただけでこんな風に感謝される体験は、これが最初です。


私は子どもが4人いて、よく赤ちゃんを連れて飛行機で国内外に旅をしていました。それぞれの子どもたちは私と一緒に色々な国、場所に0歳の時から行なっています。

飛行機に乗ると、赤ちゃんは気圧の変化で耳が痛くなり、泣くことがあります。母乳を上げれば大抵泣き止みますが、赤ちゃんが母乳を飲みたくない時もあるので、ずっと泣き続けることもあります。

静けさが求められる狭い機内で赤ちゃんが泣き続けると、私は周りの人への気遣いと申し訳なさで神経がすり減って、途方にくれることがありました。稀に他の乗客が親切にしてくれることもありますが、大抵は冷たい視線や、「静かにさせろ」という言葉などに傷つき、居心地の悪い思いを何度もしました。

子どもたちが幼い頃そんな経験がある私は、若いお母さんが同じ機内にいると声をかけて、赤ちゃんを抱っこさせてもらったり、あやしたりしました。お母さんが少しでもホッとするように、サポートをしていました。

今でも母親をサポートしたい気持ちは同じです。でも、やり方が違います。

私がコヒーランスになるのです。


今回、奄美大島に行く時に私のコヒーランス度が試されるチャンスが訪れました。私が乗った狭いバニラ航空の機内には、なんと6人の赤ちゃんが私の前後左右に座っていたのです。

飛行機が上昇すると、大きな声で泣く子と小さな声で泣く子の合唱が始まりました。一人が泣き止むと次の子が泣き出し、という具合で、お母さんは困り果てているし、他の乗客は眉をしかめていたり、ちょっとうんざりしている様子です。

そこで私は、自分がコヒーランスになる練習をしました。
①ハート（心臓）に意識を集中させ、心臓が呼吸しているかのように呼吸し、こころを感謝で満たします。
②こころが感謝でいっぱいになったら、そのエネルギーを自分の体の隅々にまで広げていきます。
③そして全身が感謝で満たされたら、その感謝のエネルギーを周りに放射していきます。
どれぐらいやったでしょうか……、やがて赤ちゃんは全員、泣き止みました。

以前の私なら、赤ちゃんを抱きにおせっかいを焼いていたでしょうが、流石に6人もいたらそれもかないません。今回は自分がコヒーランスになるだけで、何かを言ったり、何か行動したりすることなく、赤ちゃんが穏やかになることのサポートができたのかもしれません。

あるいは、たまたま、偶然そうなったのかもしれません。

実際のところは、実は私にもわかりません。

でも、これからも何か落ち着きや安らぎが必要な場面に遭遇するたびに、私はコヒーランスの練習と実践をするでしょう。

なぜなら、「私は、私が練習し実践したものになる」からです。

これがハートです

それではここで、ハート（心臓）について研究しているアメリカのハートマス研究所が発表している素敵な詩を紹介します。コヒーランスについてのわかりやすい説明になっています。

ハートは宇宙のソースにつながる場所であることもわかるでしょう。

これがハートです　This is Heart　ハートマス研究所（訳：森田玄　きくちゆみ）

私たち一人一人の中に、ある場所があります
There is a place in each of us

そこで本来の自分が生き生きと生きています
Where our authentic self thrives.
息を吸って３２１
Inhale ３２１
息を吐く
Exhale
そこは、私たちが自分の声、自分の勇気と自信を発見する場所です
It's where we find our voice, our courage and confidence
ここで私たちはもっと良くなろう、向上しようと決意します
This is where we resolve to be better, to do better.
ここで私たちは深く感じ、
It's here we feel deeply
自分と他の人たちに親切と
and know we need to give kindness…
思いやりが必要であると知ります
and compassion to ourself and to others.

ここに私たちの希望があり、

This is where we keep hope and

人生がどんなに辛く感じても、自分の尊厳から前に進みます

where our dignity nudges us forward no matter how overwhelming life can feel.

私たちは自分の平和と調和を取り戻すためにここに戻り、

We return here to reclaim our peace and balance,

障害は、私たちがより強く成長するためのチャンスであることを思い出します

and we remember that obstacles can be opportunities to help us grow stronger.

ここで、私たちは勝利に向かって触発され、

This is where we, re inspired to care about the triumphs…

他人の困難さを思いやるのですa

nd struggles of others.

ここで、私たちが人類と呼ぶ一つの家族として一緒になります

It's where we come together as one family we call humanity.

これがハートです

This is heart.

あなたのハートに繋がってください
Connect with your heart.
そして他の人たちとつながってください
Connect with others.
いのちとつながってください
Connect with life.

第2章　コネクション・プラクティスとは何か

平和の使徒リタ・マリー・ジョンソン

ここで、コネクション・プラクティス（コネプラ）の理解のために、その成立過程を少し説明させてください。コネプラの創始者は、アメリカ人女性のリタ・マリー・ジョンソンです。テキサスの農場に生まれたリタは、生涯の夢として、「さまざまな状況で生きるすべての人が、より平和で革新的な世界を創造する能力を持てるようになること」を描いていました。実際に、その夢を実現するためのノウハウを真剣に求め続けました。

そして、軍隊を廃止したコスタリカという国に興味を持ち、惹きつけられました。ついに、1993年にアメリカからコスタリカに移住します。

「社会情動的知性（Social Emotional Intelligence）」の重要性に気づいていたリタは、まずハートマス研究所のコヒーランスに出会います。クイックコヒーランスを使うと、怒りが一瞬で収まり、こころの平和と頭脳の明晰さが戻ります。コヒーランスとそこから導き出される洞察は革新的なものなので、リタは夢中になりました。けれども、他人が関わっているときに、それをどうすれば言葉にできるのかわからないという課題を感じるようになります。

そのような時期に、リタはマーシャル・ローゼンバーグに出会い、ＮＶＣ（非暴力コミュニケーション）の共感スキルを学びます。この「共感」とコヒーランスの「洞察」とを合体させたら、どうなるか？

そうです。コネプラの誕生です。

彼女はこれをマーシャルにも伝え、彼から祝福されます。

そして、コスタリカの詩人ロベルト・ブレネス・メセンの「ラスール」の詩に出会い（これについては後に説明します）、インスピレーションを受けて、コスタリカに「ラスール・ファンデーション」を設立し、コネプラを教えることに全力を尽くしました。当初はBePeaceプラクティス、と呼ばれていました。

コスタリカの公立学校の先生約１５００人にコネプラのトレーニングをして、４万人の生徒たちにコネプラの恩恵を与えました。その結果、いじめや不寛容、対立、暴力、不品行の報告が減少したことが、年次評価によって明らかになります。ノーベル平和省受賞者であるコスタリカ大統領、オスカー・アリアスからも絶賛され、彼の理解とサポートを得たことが、これを可能にしましたさらに2014年、リタはついに母国アメリカに戻り、NPO（非営利団体）ラスール・ファンデーション・インターナショナル（RFI）を設立し、『完全につながる』を発表し、ノーチラスブック賞を受賞します。現在、コネプラを全米から全世界に広げようと活躍中です。

個人的および社会的な課題に対して、現実的で強力な解決法であるコネプラを発案し、世界に提供しているこのリタの業績は多方面で認められ、多くの賞を受賞しています。

このようにしてコネクション・プラクティスは、リタ・マリー・ジョンソンが認定トレーナーの養成を目的として設立したアメリカのRFIが登録商標を持つ、「共感」と「洞察」を合体させた「つながりのスキル」として確立されていったのです。

「共感」は非暴力コミュニケーションの教えに基づき、「感情」と「ニーズ」に意識的につながることによってもたらされます。

「洞察」はハートマス研究所の「クィックコヒーランステクニック」に基づいた「ハート／脳コヒーランス」によって導かれます。

この二つの相乗効果によって「社会情動的知性（SEI）」が最大限に高まり、レジリエンス（しなやかさ回復力）がもたらされ、個人的社会的能力が増大していくのです。

コネプラ理解のための用語解説

ちょっとここで、コネプラの説明が理解しやすいように、頻出用語である「共感」「洞察」と「判断」についての説明をしておきます。

1　共感 Empathy

ここでは非暴力コミュニケーションの共感。

アドバイスや同情をするのではなく、もしも自分が相手だったら、どう感じるか（感情）を推測し、その感情を手掛かりに何が大切か（ニーズ）を推測すること。

例1：A「最近、太っちゃって嫌になっちゃうわ」

B「筋トレをしてはどうでしょう」（アドバイス：共感ではない）

「（もしかして）Aは健康が大事だから、がっかりしているの？」（共感）

例2：C「みんな僕に命令ばかりするんだ」

親「そんなことないわ」（正す、否定する：共感ではない）

「不満なのかな？　それは自分で決めること（自主性）が大切だから？」（共感）

2　洞察 Insight

コネクション・プラクティスでは、コヒーランス（脳とハートが調和し同期した状態）になった後、ハートに質問をして得られたこと（イメージ、言葉、音など色々な形でやってくる）を洞察と呼んでいる。直感と呼ぶこともある。洞察には幅があり、ハートマス研究所によれば、こころが静かになることも洞察である。

3　判断 judgement

正しい間違っている、良い悪い、善悪などに分けて考え、評価判断すること。

コネプラの実践による変化は、ストレスの解消、ネガティブな感情からの解放、直感や洞察への導き、感情的なバランスの維持、対立の創造的解決、などさまざまな利点が確認されています。

日本でも多数の体験が報告され、本書でも主に第6章で紹介しています。

コネプラがどうして変容する力を持つのかという科学的な根拠についても、玄さんが第5章でくわしく説明しています。こちらもぜひ読んで理解を深めください。

リタの描いた「より平和で革新的な世界」への夢は、平和な世界や豊かな人生を願うすべての人の夢と重なって、コネプラというスキルとともに広がっています。

私がリタに出会ったのは、彼女と私が時を同じくして「平和省」を創る国際的な活動に関わっていたためでしたが、その奇跡の采配《さいはい》に感謝するばかりです。

こころの平和と世界の平和

「空の稲妻に指図する前に、私たちのこころにある嵐をまず鎮める必要がある」

これはコネプラのモットーで、基礎コースの中で何度か復唱する言葉です。

コスタリカ人の教育者で詩人でもあるロベルト・ブレネス・メセンが1946年に発表した「ラスール　素晴らしい一週間」という長編叙事詩（抄訳を本書に収録）の最後に、村人の言葉として出てきます。前述しましたように、コネプラを開発したリタが、この物語の主人公「ラスール」に魅了され、着想を得たのです。

ある村に突然現れて子どもたちを惹きつけ、彼らのこころに平和の種を植えて、たった1週間で村全体を創造あふれる平和の村に変容させた若い平和のマスター「ラスール」……。

ラスールにインスピレーションを受けた彼女は、コネプラを提供するNPO法人の名前を「ラスール・ファンデーション」と名付けました。そしてこころの中に平和を生み出す「つながりのスキル」を実践しながら伝えていくコネプラ認定トレーナーのことを、「ラスール」という名で親しみを込めて呼んでいます。

私と夫玄さんは２００７年と２００９年に、コスタリカでリタからコネプラの基礎コースを習い、２０１４年に米国で日本人最初のラスールになりました。

そして私が日本初の基礎コースを開催したのが２０１４年末です。その後、２０１５年の任意団体ラスール・ジャパンの誕生、そして２０１７年の一般社団法人化と、発展してきました。現在私たちはそれぞれの個性と強みを生かして、日本各地でコネプラを伝え、ラスールを養成することに全力投球しています。

コスタリカで生まれた教えが、アメリカで根をおろし、いま日本で撒かれた種があちこちで芽吹いています。日本で最初にこの教えを私から受け取り、そのパワーと真価に気づいて、日本在住の初ラスールになったのが、川口久美子さんです。彼女の存在と働きがなかったら、コネプラは日本でここまで広まらなかったと思います。

彼女と私たち夫婦は３人で２０１５年に任意団体のラスールジャパンを立ち上げて、コネプラ基礎コースを日本語で提供し始めました。そして２０１６年にはリタを日本に招聘《しょうへい》して第１回のラスール認定コースを開催し、日本人ラスールを養成してきました。このときの第１期生のラスールの岩渕恵子さんが、現在、マスターラスールとなり、トレーニングチームのリーダーをしています。

現在、日本の認定コースは、岩渕恵子、川口久美子、きくちゆみ、森田玄のマスターラスールが、他のラスールのサポートを得ながら行なっています。

2017年1月には、日本で本格的にコネプラ基礎コースを開催し、充分な質と数のラスールを養成する目的で、一般社団法人ラスールジャパンを設立しました。コネプラを学びたい、ラスールになってコネプラを教えたい、という人は増えるばかりなので、もっともっともっとラスールが必要です。

現在、コネプラの認定トレーナーの数は全世界で200名程度ですが、そのうち40名が日本人です。この本が出る頃には、日本人ラスールはさらに増えていることでしょう。

私は、日本人がコネプラを世界に広める使命を持っていると考えています。そのビジョンを何度も「洞察」として受け取っています。

さて、冒頭の「空の稲妻」とは、自分以外の人あるいは自分が直接影響力を持たない事柄、出来事などを指します。他人に指図する前に、まず自分のこころの中の嵐（ざわざわした気持ち、争いごと、矛盾、怒りなど）を鎮める必要がある、という意味です。

コネプラの教えの真髄を表していますが、初めて習った頃の私は、これがなかなか実行できませんでした。「環境・平和活動家」と呼ばれていた時代に私がやっていたことは、空の稲妻に指図することばかりでしたから。

素晴らしい教えであることはわかるけれど、私には実践できない。無理、と長年思っていました。自分ができないことを、人に教えることはできませんから、ラスールにはなれない、と思っていました。

現在の私は、リタに出会った頃に比べると、こころの嵐を鎮められることが増えてきました。完全にこのモットーを実行できているか、と聞かれれば、まだ学びの途上です。

それでも私は「まず自分のこころの嵐を鎮めることが大事だ」と気づき、「こころの平和を保ち続けること」をできる限り実践し、本気でこの教えを伝え続けています。伝える度に、その場を共有している受講生のこころに触れて、自分自身の気づきと、学びと成長があります。

そして今では、コネプラを教えることができる「ラスール」を養成することに、残りの人生をかける価値があると思っています。

しばらくの間（25年間ぐらい）、「環境活動家」とか「平和活動家」とか呼ばれていた過去が私にはあります。そして今も、平和を希求する気持ちや環境を守りたい情熱は、全く変化していません。ただ、その方法（手段）は変わりました。

「コネプラを日々実践し、伝えること」が私の現在の選択です。

その方がより効果的であると解ったからです。
コネプラを生きることが今の、そしておそらくこれからも、私の平和活動です。

ここで「医療界でもコネプラを」と言ってくださった女医さんである高木真美さんのコネプラ体験記を紹介します。
高木さんと初めてお会いしたのは、2018年の夏、京都で基礎コースを開催している時でした。2019年にラスール認定コースを受けて、ラスールになる準備をしている彼女は、積極的に私のコースを再受講し、またファシリテーターとしても入ってくれました。ご自身が体調を崩したときの経験から、自己共感の大切さを痛感し、さらにコヒーランスを練習して、洞察を意識するようになってから、彼女の落ち着きが一段と増したことや、その結果、患者さんや医療スタッフとの関係が改善されたことを、静かな喜びとともに話してくれた姿に、私も大きな希望をいただきました。

⌘

信念対立を解決し、つながりを取り戻す具体的な方法　高木真美

私が、コネクション・プラクティス（以下、コネプラ）に興味を持ったのは、「対立の創造

的解決」という言葉でした。

私は、今まで、「自分が正しい」「こうあるべき」「私のやり方が正しい」という考えの下で、相手を糾弾してきました。その結果、そこから生まれたものは、お互いを非難し合う現実、そして関係性が途切れてしまう、分断だけでした。

それでも、私が正しい（＝相手が間違っている）から、このような結果になっても仕方がないと自分を納得させていました。でも本音を言うと、つながりが切れてしまったことにひどくこころを痛めていました。

3年ほど前に参加した緩和医療学会で、医療関係者の信念対立についての講演のなかで、「自分の正義を振りかざして、相手を傷つけている」という言葉を聞いた時の衝撃は今でも忘れられません。

私は、自分の正義を振りかざして、ずっと誰かを傷つけていたことに気づきました。それも、職場だけでなく、身近な夫婦関係や親子関係、そして友人との間でもいたるところで。それからその信念対立をどう解消するのか、さまざまな本を読みました。

「目指しているところは同じなのに、方法手段のレベルで対立する」というところまではたどり着きました。しかし、解決する具体的な方法を、私は探しきれずにいました。

そのうち、私は医療関係者の信念対立の現場を目の当たりにし、疲弊し、肉体的な疲労も加わって体調を崩し、休職することになりました。いわゆるバーンアウトと言われるものだったのでしょう。

それから私が健康になるために、自分を大切にする事、自分への取り組みを最優先で続けました。

体調の回復とともに、人は一人では生きていない、人とのつながりの中で生きていることを再認識しました。私だけが良ければいい、という考えのもとで行動をすると、どこかで誰かが傷つき、同時に、自分のことを大切にせずに、他人の望むように自分が無理をすると、自分が傷ついてしまう。

双方が無理することなくお互いを大切にしたコミュニケーションができたらなんて幸せなのだろうか、と考えている時にコネプラに出会いました。

この講座を初めて受けたのは、今年（２０１８年）の2月でした。このスキルの素晴らしさに驚き、感動しました。もしかしたら、このスキルを使えば、私が3年ほど前から探していた信念対立を解決できるのではないか、と希望に溢れました。

医療現場、特に緩和ケアの領域では、患者さんへの傾聴のスキルは教わりました。が、自分への共感を教えてもらったことはありませんでした。自分への共感ができていないのに、果たして人に対して共感的に在ることができるのでしょうか。それはとても難しいです。自己共感なしに傾聴し、相手に共感し続けると、倒れるか、枯渇するかです。私は体調を崩して、そのことに身をもって気づいたのです。

コネプラを学んで、自己共感力を高めるにつれ、私自身の感情的な落ち着きが見られ、あり方が変わってきました。

現在は、非常勤で在宅医として仕事復帰をしています。コネプラを学んでから、私が担当していない患者さんを訪問したときに、何気ない会話の中で、こころの奥底にずっと抱えてきたものをお話してくださる出来事が2人の患者さんとの間でありました。

過去の経験では、こちらが意図して聞こうとしてもお話ししてくれることはあまりありませんでした。私自身も余裕がなく、ゆっくり聞く姿勢ではなかったのではないかと思います。こころが落ち着いていることと、毎日コヒーランスを心がけているからではないかと推測しています。

また、一緒に働くスタッフに対しても、患者さんやその御家族とのコミュニケーションが難しく、疲れを感じている時などにコネプラを実践します。すると、相手のこころが落ち着き、次の行動プランを立てることができ、スタッフ間、スタッフ患者家族間のつながりを取り戻すことができました。

在宅医として出会った患者さんの中には、治療ができなくなったときの伝え方で、悲しみを抱えたままの方がおられます。過去の私も、自分では気付かないうちに、私が正しい、という考えから傷つけたことがたくさんあったのではないだろうかと申し訳ない気持ちがあります。現場はどれだけ忙しく疲弊しながら仕事をしているのか、余裕がない状態であることを知っています。

だからと言って、傷つけていいわけではない。

どうしたらいいのでしょうか？

いま私は、コネプラを導入し、医療従事者がもっともっと過ごしやすく、あたたかく健康的に過ごせる組織を作って、バーンアウトする人が減る日が来ることを楽しみにしています。そうすれば、患者さんが傷ついたと感じることが減ると思うのです。

医師として、コネクション・プラクティスの可能性に大きな希望と期待を寄せています。

３０代、女性　在宅医として高齢者やがん終末期患者さんに寄り添う医療を行なっている。２０１９年1月、ラスールになった。

自分の人生を取り戻した人のスピーチ

コネクション・プラクティス（コネプラ）を学ぶとさまざまな奇跡的ともいえる出来事が起

きてきます。そのコネプラについて詳しく説明する前に、2018年のラスールジャパンのシンポジウムでのある女性のスピーチを紹介します。

コネプラの持つパワーについて端的に伝えてくれています。この話の掲載を許可してくださった鮎川正子さん（仮名）に感謝して、みなさんと感動を共有したいと思います。

⌘

自分の人生を取り戻す　鮎川正子

えーっと、私は生まれつき左眼が見えません。

振り返ると、子どもの頃から、すごく惨めな気持ちや劣等感があって、そして、親に残念な思いをさせちゃったなっていう罪悪感もあって、その二つを抱えて生きてきました。

だからか、「ちゃんと頑張らなくちゃ」「いつも正しいことをしなくちゃ」と自分に言い聞かせてきました。

そうやって、必死で頑張ってきたのに、私が「生きていて良い」っていう意味や確信が見出せなくて、いつも不安で孤独でした。「自分が生きていても良い」という意味を満たすために、誰かの役に立ちたいという一心で盲学校の教員になりました。

その後、結婚して二人の男の子の母になりました。次男が小学4年生の時に学校に行けなくなりました。次男は、リビングから一歩も出られなくなり、トイレにも行けなくなりました。

そんな次男が、紙切れに手紙を書いてくれました。

「おかあさんこんな子にうまれてごめんなさい。ぼくは生きてていいですか？

ぼくはしんだほうがいいですか？」

ものすごくショックで、どうしたらいいかわかりませんでした。分かるはずがないのです。手紙を読んだ私自身も、自分が生きていて良いと思えてなかったのですから。

とにかく、私が変わらないとダメだとそれだけは分かりました。私が変わらないと、この子を救えないのだと。

そこから、いろんな学びを経て、川口久美子さんのＮＶＣ（オンライン講座）に出会い、昨年１１月に久美子さんからコネクション・プラクティス基礎講座パート1を受けました。

私にとっては、このコネプラとの出逢いが決定的でした。

思い返すと、次男はあの時、「母さん、自分の人生を取り戻せ！」と命懸けで教えてくれたんだと思っています。

そして、私は自分の人生を取り戻し、今、ここにいます。

久美子さん、真澄さん、ゆみさん、玄さん、一緒に学んでくれた仲間の皆さんに、今日は、感謝を伝えたくてやってきました。本当にありがとうございました。

私はこれまで、何か人の役に立ちたい、役に立てれば私が生きていて良いって事になるってずっと信じてきました。

コネプラと出逢って、まず、自分とつながることを学びました。衝撃でした。私は、なりたい自分に向かって頑張っているのが「自分」だと思っていたからです。「ありのままの私」なんか見ない、認めないいってやってきました。

学びの場に「ありのままの私」に目を向けて、温かくホールドしてくれる久美子さんがいてくれたお陰で、安心して自分とつながることを学ぶことができました。

それから、パート2、パート3と学びを進めました。ご一緒だったみなさんはよくご存知ですが、毎回、べーべー、ビービーよく泣きました。

パート2以降では、人とつながることも初めて知りました。私は、「世界は怖いもので、頑張っていないと私が存在することさえ認めてもらえない」「人と本当の意味でつながることなど無理だ」と思っていたけれど、まず、息子たち、夫とつながることができました。

そして、しばらく絶縁状態にあった母親とつながりを取り戻すことができました。つい先月、母から、私を産んだ時の気持ちやどんな思いで育ててきたかを聴くことができました。別れ際に私が、「お母さん、私を産んでくれてありがとう」と言うと、母が、「生まれてきてくれてありがとう」と言ってくれ、二人で手を取り合って泣きました。母は、私を愛してくれていない、分かり合うのは、到底無理だと諦めていたような関係だったのに、夢のようです。

今、私の中には光があります。よく分からないけれど、ここに確かに光があります。命の祝福や尊厳のニーズを満たしています。私は今まで学んできたことを、目の前にいる子どもたちやお母さんたちに伝えたいのです。まだまだ修行中の私ではありますが、コヒーランスで教室にいる、それだけで場の空気が変わります。


現在私は、聴覚障害の子どもたちの学校で仕事をしていますが、例えば、毎朝、「今どんな感じ？」と、気持ちのカードを選んでもらいます。言葉のない子ども達もカードを選び、手話、身振り、眼差し、全身で私に感情を伝えてくれます。それを他の子どもたちはじっと見ています。ネガティブな感情も安心して表現できる場がそこにあります。

教室の子どもたちは、誰かが泣いていても、失敗しても、決して笑ったりバカにしたりしません。「どうしたの？」と私に尋ねたり、状況をじっと見つめたりして、その子に思いを馳せています。これは共感なのでは？　と思っています。

このように、私の中に光があって、命の祝福や尊厳のニーズを満たし、コヒーランスで教室にいるだけで、場の空気が変わり、子どもたちが変わり、それを見ていたお母さんたちも少しずつ変わっていく、毎日、私はそんなギフトをたくさん受け取っています。

ここからは、私からのリクエストです。

とはいえ、現実は厳しく、子どもたちに向き合う余裕がなかなかありません。コネプラを子どもたちに、お母さんたちに伝えたいのだけれど、どこへ向かっていけばいいのか、どんなふうに歩いていったらいいのか、はっきりとはわかりません。変化に対する不安もあります。そこで、今日の私の話を聴いて、何か感じてくださったなら、私とつながってください。そして、仲間になってください。聴いてくださってありがとうございました。

50代女性、教員。ラスールを目指す入門ファシリテーター。
※2018年7月7日ラスールジャパンシンポジウムスピーチより（一部本人による加筆修正）。この原稿を書いた後、2019年1月にラスールになった。

カナダでリタ・マリー・ジョンソンに出会う

少し話を過去に戻しますが、私がリタに最初に会ったのは2006年のこと。

この年、カナダ最西部のビクトリアで「第2回平和省地球会議」が開催されました。世界各地から「平和省」を創ろうという人々が集う会議です。

前年ロンドンで行なわれた第1回の会議にも参加した私は、「日本にも平和省を創ろう」という熱い思いで参加しました。コスタリカから来ていたリタとは、その第2回目の会議で20

06年に初めて出会ったのです。

リタは当時、「Be Peace プラクティス」を Peace Army（ピース・アーミー）という組織を作って広めようとしていました。平和省が政府の組織なら、ピース・アーミーは市民の組織です。特に子どもたちに「Be Peace プラクティス」を教えることで、草の根から平和を広げることをめざしていました。

そして、この時の平和省地球会議のファシリテーター（促進者）は、NVC（非暴力コミュニケーション）認定トレーナーのミキ・カシュタンでした。

その後の私の人生に大きな影響を与えることになる二つの教えである「コネプラ」と「NVC」に、この会議で出会ったのでした。しかし、この時はまだコネクション・プラクティスやNVCのパワーに気づいていません。

リタと仲良くなったのは彼女が来日したときに通訳をしたのがきっかけです。

コスタリカでコネクション・プラクティスを学ぶ

カナダの平和省地球会議の後、日本からの参加者の一人がリタを日本に招聘しました。そのとき、私が通訳を務めさせていただきました。それがご縁となって、私たち家族は「コネクション・プラクティス」（当時 Be Peace プラクティス）を学ぶために、2007年にコスタリカに飛びました。

そこで初めてコネプラの基礎コースに参加しました。

この時の衝撃は今も忘れられません。

それまで私は、自分のことを「社交的で、話し上手で、誰とでもすぐ打ち解ける人間だ」と思っていました。ところが、コースの中で非暴力コミュニケーション（ＮＶＣ）を学んでいくと、私の話すことのほとんどが「共感ではない」ことを知り、愕然としました。

コネプラは、「共感」と「洞察」の相乗効果によって、自分自身や他者と完全につながることを目指すスキルです。そして基礎コースは、まず最初にＮＶＣの「共感」の練習から始まります。

しかし、私の口から出る言葉は、共感とは程遠い「思い、考え、評価、判断」ばかりでした。その上、自分の感情がよくわからない。何を考えているのかは流暢に説明できるのですが、嬉しいのか、悲しいのか、怒っているのかなどの自分の感情は、普段あまり意識していないし、それを言葉にすることはなかったことに気づきました。

そんな私ですから、人の感情も想像がつかないし、語彙がないのです。普段から感情を表現してこなかった私は、他人の感情を推測して言葉にすることは、経験がありませんでした。

そこで、ＮＶＣの初心者（大半の受講生が初心者でした）は、「感情の言葉のリスト」を頼りに相手の感情を推測します。

それでも私の場合は、すぐ「そんな風に考えるべきではない」とか「その考えはおかしい」とか、考えが湧いてくるのです。コースの途中で、私はついに黙り込んでしまいました。いつもおしゃべりの私が、まるで失語症状態！

自分の話すことすべてが非暴力ではない、つまり暴力的に思えてきたからです。コヒーランス度を測るエムウェーブの練習でも全くコヒーランスになれず、ショックでした。

今では懐かしい思い出ですが、このときは「自分にコネプラは向いていない」と半ば諦めて帰国したのでした。

２００９年に第４回平和省地球会議がコスタリカで開催された時に、もう一度コネプラを学び直しました。その時までにはＮＶＣを海外の認定トレーナーから直接学んでいたので、やっと、「共感」と「洞察」の大切さ、その相乗効果の可能性に気づくことはできました。

しかし、会議が終わるとすぐに、普段の自分に戻ってしまいました。その一因は、コネプラのモットーの「空の稲妻に指図する前に、まず私たちのこころにある嵐を鎮める必要がある」を実践できなかったことにあると、今はわかります。

私は「空の稲妻に指図すること」をやめることはありませんでした。

7年後やっとラスールに

私がついに、ラスールになったのは2014年でした。

なぜコネプラを学んでから、ラスールになるまで7年もかかったのかは明白です。

その間、コネプラの柱の一つであるNVC（非暴力コミュニケーション）は学び続けていました。けれども、環境問題に取り組み、また平和活動を優先して生きていた私には、前述したコネプラのモットー「空の稲妻に指図する前に、まず私たちのこころにある嵐を鎮める必要がある」がブレーキをかけて、「自分はラスールにはなれない」と思い込んでいたのです。

さまざまな活動の中でも原発事故は私が一番防ぎたいことでした。ですから、311の東日本大震災で福島第一原発がメルトダウンしたことは、あまりにもショックが大きすぎて、私は生きる目的を見失ってしまう程でした。私はさまざまな活動をやめ、ハワイに移住しました。

そんなときにリタが「そろそろラスールにならない」と声をかけてくれたのです。

コネプラを最後に学んだのは2009年でしたから、もうそれから5年も離れて錆《さ》びついていましたので、カリフォルニアに飛び、1カ月ぐらいかけてたくさんのトレーニングを受けて一から学び直しました。

そしてコネプラ認定コースに参加し、無事合格……。やっと「ラスール」になれました。

夫と私は初の日本人ラスールになったのです。

２０１４年の６月のことでした。

ラスールになるということ

リタに「ラスールになるとはどういうことか？」と聞いたことがあります。
「ラスールになるとは完璧になることではありません。でも、常にプラクティス（練習と実践）を重ねることです。練習、実践、練習、また実践。それがラスールになるということです」と、言われました。

確かに、私は子どもたちや夫に頻繁に感情を揺さぶられるので、その度に練習するチャンスがあります。例えば、私がとても忙しくて、誰かに家事を手伝って欲しいとき、家族が誰も手伝ってくれないと、私は大きい声を出すときがあります。その時にはもうストレスがいっぱいで、怒りで爆発寸前です。

そこで私は自分に「ゆみちゃん、怒っているね、疲れているし、やることいっぱいで焦っているね、余裕も欲しいし何よりサポートが欲しいよね」と独り言を言います。ＮＶＣの自己共感ですが、まるで自分の中にもう一人の自分がいるような感じで、爆発寸前の私に話しかけます。

そうすると、不思議と落ち着きます。そしてハートに意識を集中して、ハート呼吸をしていると、娘か息子、あるいは夫がやって来て、家事を手伝ってくれることが増えました。

そんな風に我が家では、毎日、コネプラを練習するチャンスが何回もあります。

ラスールになってから半年かけて、玄さんと二人で基礎コースの日本語版テキストを作りました。そして、その年の末に、私は日本で最初の「コネクション・プラクティス（この時はまだ、Be Peaceプラクティスと呼んでいた）基礎コースパート1」を開催しました。

NVCの学びで知り合った人たちなどが、その時、集まってくれました。

その日本初の基礎コースの受講生の一人である川口久美子さんは、英語が堪能でしたので、私からパート3までを学び終えるとすぐに米国に飛び、必要なトレーニングを終えて見事ラスールになったのでした。2015年のことです。

魂の声に従って生きる人

私は川口さんとは、2012年のカリフォルニアのベイNVCリーダーシップトレーニングで一緒だったこともあり、NVCの海外講師招聘のワークショップを共催していました。ハワイからジム&ジョリマンスキーを招聘した時に、「私は会社員をもう一刻も早く辞めて、NVCを教えて、これを仕事にして生きていきたい」という彼女の魂の叫びを聞いていました。

でもなかなかそうするためのきっかけがなかったようでした。

それで、彼女に「今度、日本に Be Peace プラクティス（のちのコネクション・プラクティス）というのを広めようと思っているの。一緒にやらない」と誘いました。彼女なら一生懸命やってくれると思ったからです。そしてそれ以上に、洞察で出て来たのが、川口さんだったから最初に声をかけたのでした。

彼女にとって、コヒーランスとそれから得られる洞察は、画期的で革命的だったようです。洞察を得るようになってからの彼女の進化のスピード、体力や能力、健康度のアップには目を見張るものがあります。私と一緒にＮＶＣのワークショップの共催をしている頃は、本番までにはクタクタで、会場の隅で寝込んでいることもある状態でした。それが今では、いつも希望と愛とエネルギーに溢れるようになりました。まるで別人です。

彼女は、コネプラの認定講師「ラスール」になると、すぐに基礎コースを教え始めました。最初の頃は、参加者が一人でも二人でもコースを開催し続けました。その中で彼女自身もどんどんスキルが向上し、磨きがかかりました。今ではマスターラスールとして、日本のコネプラの第一人者として活躍しています。

川口さんは、それまではＩＴの職場に勤めていました。彼女の才能を発揮できる職場でしたが、魂の求める仕事ではなかったようです。魂の仕事は、いくらやっても疲れないのです。お金のためにやっているのではないのに、収入がアップし、喜びと感謝でいっぱいの日々を送っています。

実際に川口さんは、ITの仕事でも安定的で良い給料をもらっていたのですが、今ではサラリーマン時代をはるかにしのぐ収入を得て、生き生きとしています。まさにいまの彼女は、魂の仕事をしていて波に乗っていて、パワーアップし続けています。

彼女に会うたびに、私は自分の洞察に従って、最初に川口さんに声をかけてよかった、と思うのです。日本のコネプラの基盤を一緒に創ってくれて、本当にありがとう！

私の希望は、コネプラを伝えることによって、川口さんのように魂の声に従って生きる人が、どんどん増えることです。コネプラを実践して、ハートにつながって生きるようになると、自然とそのようになります。

ラスールジャパンの立ち上げ

私が携わった環境活動や平和活動では、大企業や政府のやることに反対したり、彼らに何かを要求することが常でした。目標は「環境を守り、平和を創ること」なのですが、こちらに怒りや不満の気持ちがあると、対立や争いを招きます。

一生懸命に活動をして、効果が出れば出るほど、私への攻撃や妨害も増えました。無言電話や脅しの手紙など、家庭の平安まで脅かされることもありました。私の目指している平和は遠のき、こころは疲弊していきました。

コネプラを学び、ラスールになり、その教えを実践しながら伝えることによって、私のこころは、少しずつ、そして確実に、「平和」になっていきました。

2015年、川口久美子、森田玄、私の3人で任意団体のラスールジャパンを立ち上げました。日本でもコネプラを学ぶ人が増え、二桁の人が基礎コースを終了した2016年春、リタを日本に招聘して、日本で初めてのラスール認定コースを開催しました。そのとき、14名の新しいラスールが誕生しました（第1期生）。

「正しい、間違っている」

と考える傾向の強かった私の意識は、コネプラを伝える度に変化していきました。私は自分のニーズを満たすためにベストを尽くしていて、（対立している）相手もそれは同じである、と理解できるようになりました。

私がやることは、何に直面しても「自分と相手が何を大事にしているか」に焦点を合わせ、行動する前に「コヒーランスになって洞察を得ること」です。

そして、自分が今やることと、やらないことを、頭ではなくこころに聴いて選ぶようにしました。その結果、穏やかで、感謝の気持ちでいる時間が、前よりずっと増えました。同時に、ざわざわ、イライラの時間は減りました。これは当然、心身の健やかさにも効果的で、私の体力とやる気は一段とアップしました。エネルギーの無駄遣いが激減したおかげです。

一目瞭然なのは、コネプラの受講生の変化です。コネプラを学んだ2日目には目の輝きが違うのです。笑顔のなかった人が、こころからの笑顔を見せてくれるようになるのです。

さらに、プラクティスを続けている人たちの間では、「健康になり、疲れにくく、肌にハリができ、バイタリティーが増し、仕事の能力が伸び、収入が増え、直感が冴え、シンクロ現象が次々起き、周囲の対立が解消される、若返る」など、誇大広告と思われかねないような、信じられない現象も起きています。

自分のこころが「平和の鍵」

日本でコネプラを教え始めて数年が経ち、コネプラを実践する仲間たちができ、自分たちの変化と成長から、「自分のこころを平和に保つことが世界を平和にする鍵だ」と、私は心底思えるようになりました。

それは、こころの平和を保つだけで何もしない、ということではありません。ハートにつながってメッセージ（洞察）を受け取り、実行するのです。

こころの平和を保つにはクイック・コヒーランス・テクニックを使います。心臓と脳を同期(シンクロ)させるのです。その練習には、ハートマス研究所の開発したソフトウエア(エムウェーブやインナーバランス)を使います。コヒーランスになると、自分の思考や経験をはるかに超えるような直感的アイデア(洞察と呼ぶ)が湧いてきます。洞察が得られたら、そこから行動計画を立てて、行動に移します。すると、人生が、ミッションが、スムーズに前進して行くのです。

洞察で得る答えは、ハート(心臓)から出てきたものです。そのため私が頭で考えること(つまり脳が出した答え)と、しばしば正反対となることがあります。最後に選択をして行動するのは脳が行ないますから、時々私は困ってしまいます。

ハートが言っていることをやろうとすると、脳が怖がっています。脳は、安心や安定、経済的持続性などを望むようです。ところが、頭(頭脳)が創り出した恐怖は、私の思考の習慣や過去の体験から出た幻想であることを知っていれば、恐怖を選ぶのではなく、愛と感謝にもとづいたハートの答え(洞察)に従うことができます。

ハートは宇宙の叡智につながっているので、いつの間にかうまくいきます。

いきなりこんなことを書いても、かつての私のように一生懸命「やるべきこと」や「正しいこと」をやり続けている時は、ハートの声に従うのは難しいかもしれません。

はっきり言えることは、コネプラを実践すると明晰さが得られて、迷いが減る、ということです。その結果、効率や生産性が高まり、心身の安定と肉体的健康も増進し、パフォーマンス能力も上がるのだ、と大勢の受講生の変化を見て、今は自信を持って言えます。

自分のことは客観的には見えにくいのですが、ハワイにきてから始めたズンバでは、50代の私が20代の先生と一緒に踊っていますが、疲れない肉体に変化しました。踊っている最中にハートフォーカスをすると、すぐに呼吸が整って楽に踊れるようになります。ステップの覚えも早くなりました。

ヨガでも、年齢とともに硬くなっていた体にしなやかさが戻り、先生の真似が9割できなかった状態から、7割真似できるぐらいに変化しました。

コネプラは子どもでもできます。おじいちゃん、おばあちゃんにも効果があります。寝たきりになっても心臓が動いていれば、練習できます。

シンプルで深く、即効性のあるコネプラ。

今私は、認定コースでアセスメントをする「マスターラスール」として、ラスールを認定したり、基礎コースを一般の方に教えたりしています。RFIのリタからは、「国際アウトリーチディレクター（コネプラを伝える最初の人を各国で見つける役割」を任命されたので、日本中にこの教えを広めることができたら、次は東アジアからアジアへ、そして必要とされる世界各地に教えに行く予定です。

私が長い年月、世界中を旅して探し求めていたライフワークが「コネプラ」であると悟ったのは、つい最近のことです。

NVCって何？

それではここで、これまで何度も出てきたコネプラの基盤となっている「共感」について紹介します。実は私は、コネプラよりもNVCのトレーニング歴の方が長く、現在も学んでいます。

NVC＝Nonviolent Communication。直訳すると「非暴力コミュニケーション」ですが、日本では共感的コミュニケーション、思いやりのコミュニケーションなどとも呼ばれることがあります。

ウィキペディアによると、

「非暴力コミュニケーション（Nonviolent Communication、英語の略称NVC）は、コミュニケーションにおいて相手とのつながりを持ち続けながら、お互いのニーズが満たされるまで話し合いを続けていくという、共感を持って臨むコミュニケーションの方法である。

カールロジャーズの来談者中心療法を学んだ心理学者マーシャル・ローゼンバーグ（1934〜2015）博士によって、カール・ロジャーズらの協力のもと体系付けられた。」とされています。

私にとってのNVCは、平和を自分の中と周りに作るもっとも効果的なコミュニケーションツールの一つであり、意識であり、生き方でもあります。もう少し詳しくいうと、——「良い悪い」「正しい間違っている」「善悪」の判断、そしてレッテル張りから私を自由にしてくれるスキル——なのです。

NVCの意識で物事を捉え直すと、私にとって理解ができないと感じていた相手の言動に対しても、その奥には人類普遍の「美しいニーズ」があるということにたどり着きます。そこから共感が生まれ、その度に驚いたり、感動したりします。

と言っても、常に私のNVC意識が発動しているわけではありません。以前に比べたらジャッジすることが減って、自分とは違う考えの人の話も聞けるようになった、という程度です。そして、「自分と違う意見の人の話を聞ける」と「聞けない」には、天と地との差があります。

おそらく、NVCは私にとって一生続く学びであり、いくら練習しても「これでマスターした」という終わりはこないだろう、と思っています。繰り返し学んで練習と実践を積んで、この世を去る時まで私の中のNVC意識を育んで、成長し続けたいです。

ところで、「非暴力」という言葉を聞くと、あなたは何を連想しますか?

この言葉に反応したり、反発する人もいるでしょう。暴力的「ではない」コミュニケーション、と言われると、「じゃあ、私は暴力的なコミュニケーションをしているの?」って思うかもしれませんね。かつての私がそうだったように。

私はインド独立の父マハトマ・ガンジーをこころから尊敬しています。彼が提唱し実践した「非暴力直接行動」に憧《あこが》れと親しみがありました。それで比較的「非暴力」という言葉を素直に受け入れることができました。

同時に、世の中の(特に今私が住んでいるアメリカでは)多くの人が、「非暴力は現実的ではない」と思っていることも事実です。非暴力で平和を創ることは決してできない、と断言する人にもよく会います。そんな人と話をするとき、以前だったら相手の考え方を正そうとしたり、あるいは自分の主張を一生懸命伝えたりしていました。

今は、「そうか〜。この人も平和とか安全が大切なのか〜(手段は違うけど)」と相手の話を聞いていることが増えました。

私が現在親しくしている人の中には、「日本を核武装してアメリカから独立する」という考え方の人もいます。そしてその人の話をよくよく聞いていると、心底、平和や安全を望んでいて、私にとっても大切な自由や自主性を大切にしていることが理解できます。面白いものです。

私は、その人の「核武装」という平和を創る方法（手段）に合意はしませんが、平和を望んでいる、ということは認めているので、楽しく食事ができます。

ＮＶＣを知る前の私では、あり得ないことです。

つながりをもたらす「自己共感」

「何はなくても自己共感」

この言葉は、ＮＶＣを伝える時に私がよく使う言葉です。特に私が日本でＮＶＣを伝え始めた最初の頃は、この言葉をまるで念仏のように唱えていました。

これは現在でも、私にとっては真実です。何はなくても、自己共感があれば、なんとか最悪の状態からは脱することができます。ここでコヒーランスして洞察も得れば、前に進むことさえも可能になります。

私は（そしておそらくあなたも）「正しいことをしなさい」「良い子でいなさい」と小さい頃から教えられてきました。親からも先生からも言われたし、年齢や国境を問わず、職場でも家庭でも友達同士でも、それは当然のこととして広く受け入れられている考え方だと思います。

しかし、「正しいこと」があるという考えの裏には、「間違っていること」があり、それは、「悪いこと」だという判断が存在しています。善悪、良い悪い、正しい誤っている、などの判断をすることによって、自分自身や人を裁くことになります。

裁くことによってお互いが傷つき、人生の中で分断や混乱を生むことが多くあります。

例えば私が「環境を守るためには、マイ箸を持つべきだ」という強い信念を持っていたとしましょう。そして、箸を持ち歩かない人に、あなたも箸を持ちなさい、とマイ箸をプレゼントしていたら、相手はどう思うでしょうか？

「うざい」「押し付けがましい」と思うかもしれないですね。

マイ箸ぐらいなら小さいことですが、以前の私は「環境を守るためには○○すべき」という強い信念をいくつも持っていました。すると、私が仲良くしたいと思っていても、人が離れて行きます。つながりが大事な私にとって、それは悲しく、気落ちする体験です。

また、自分が良かれと思ってやったことの本当の意図を理解してもらえずに、批判されることもよくあります。

そんな時は、傷ついて、悲しいし、時には悔しくて、腹が立つ時もあります。

それは、あるがままの自分を受け入れてもらうことや、本当の意図を理解してもらうことが大切だからです。

「自己共感」が大切であることが解って、それができるようになったとき、人は他者にも共感でき、他者を自分の物差しで判断し裁くことも減ってきます。

ジャッジメント（判断）からの解放

私の中には今も強い信念やあきらめきれない夢がいくつもあります。ただ、その夢を表現するときに、自分の大切なニーズ（人類普遍のニーズ）にフォーカスして伝えることを現在は心がけています。

そうすることで、考え方やそれを実現するための手段が違っている相手にも、話を聞いてもらえることが増えました。

わかりやすい例ですと……私は、この地球上から飢えや戦争をなくすことを切望しています。それは日本国憲法前文にも謳われている理想を、日本でも世界の他の国々でも現実にしたいです。でもこんなことを言うと、アメリカでは笑われます。非現実的、ありえない、平和ボケ、ナイーブ、お人好し、馬鹿、アメリカが嫌いなら日本に帰れ、とか言われます。

ＮＶＣを学び実践して長い歳月が過ぎた今では、そう言う人たちの話を静かなこころで聞くことができるようになりました。気がついたら、以前だったらきっと「敵」とみなしていたような人たちとも、おつきあいが増えました。

その結果、私の人間関係は広がり、確実に人生が豊かになっています。

ＮＶＣは、私たちを裁き合いから解放してくれるツールです。感情とニーズにつながることで私たちは自分と違う考え方の人にもニーズがあることを理解し、不必要な苦しみや対立を減らしてくれます。

マーシャル・ローゼンバーグ博士が体系化したＮＶＣは、観察・感情・ニーズ・リクエストの４つの要素を使い、ジャッジメント（判断）から自由になることを助け、つながりをもたらすコミュニケーションです。

世界にはＮＶＣ認定トレーナーが千人以上います。日本でもＮＶＣジャパンがあり、日本人認定トレーナーも誕生し、２０１５年に初めてのＩＩＴ（国際集中トレーニング）が行なわれてからＮＶＣの認知度や学び実践する人の数が飛躍的に増えたような気がします。お近くの学びの場へ足を運んでみてくださいね。

０・１ヘルツの地球磁場と１０秒呼吸の意味

コネプラではＮＶＣの共感スキルと、ハートマス研究所のクィックコヒーランス（Trade Mark）を合わせて使うことを学びます。相乗効果があるのです。クィックコヒーランス（Trade Mark）のステップは、
１、ハートフォーカス
２、ハート呼吸

3、ハートフィーリング（感謝でこころを満たす）

ですが、私は中でも「ハート呼吸」が重要と思うようになりました。それは、心臓の周りにまるで脳細胞のような神経細胞があり、「ハート脳」が存在するからです。これについては、第5章で玄さんが研究データをもとに解説してくれています。

２０１7年5月、玄さんがカリフォルニアのハートマス研究所でトレーニングを受け、「ハートマス認定講師」になって帰ってきた時のことです。

「5秒で吸って5秒で吐くことには大きな意味があった。地球や自然界は０・１ヘルツの磁場を持っている。１ヘルツは1秒間に1回のサイクルだから、１０秒で1回の呼吸をすると、ちょうど０・１ヘルツになって、地球と共鳴するんだ」

と興奮気味に言いました。

私は、これを聴いた瞬間、感動の涙が溢れました。

「なぜ私がコネプラを伝えることに残りの人生をかけたいとまで思うのか」ということの意味をこの時、深く理解したのです。

１９９０年に会社を辞めて、森や海を守る活動に専念した時から、私は、地球のために働くのだと決めていました。ただ、これまでのやり方では自分が望む結果は手に入らないばかりか、望まない結果を招いていたのでした。

「コネプラは、地球と共鳴する人を増やすことができる！」

玄さんの言葉を聴いたとき、長年求めていた本当のミッションを見つけた、と思いました。

「空の稲妻に指図する」ことを私はやめないかもしれませんが、その前に、「私のこころの嵐を鎮めること」が、最も大切な仕事だということをこころの底から悟ったのでした。

第3章　私がコネプラへたどり着くまで

グローバルピースキャンペーンに没頭

ここで私がコネプラへたどり着く最初のきっかけとなった出来事に触れさせてください。

９１１事件（米国同時多発テロ事件）をきっかけに立ち上げた「グローバルピースキャンペーン」。振り返れば、主に、アメリカがやってきた秘密戦争を含む武力外交にスポットを当て、対テロ戦争を止めることが目的でした。それはやがて、物議を醸した９１１事件の真相究明運動にも発展しました。

私が4番目の子どもを出産した5カ月後のこと。

アメリカで「同時多発テロ」、後に９１１事件と呼ばれる大事件がおきました。２００1年9月１１日は、私を含む多くの人の運命を変えました。

私はその一年前に出産した1歳半の女の子と、生後5カ月の男の子と2人の乳飲み子を抱えて、子育て真っ最中。千葉県の山の中で夫と自給自足の暮らしを目指して、忙しいママ業と自作農をどっぷりしていました。

あのころの暮らしは、畑で収穫した野菜と自分たちで育てたお米を毎日の糧とする、手のかかる暮らしです。1日の大半を、畑と台所と赤ちゃんの世話で過ごします。

そんな子育て真っ最中のママだった私が、911事件のの第一報を知ったときは、あまりのショックでテレビ画面の前で凍り付いていました。

「これは大変なこと……戦争になるかもしれない」という考えが頭をよぎりました。

そう考えた瞬間、恐怖でフリーズしたのです。


私には戦争体験はないのですが、心臓がキュッと固くなり、「ファイト（戦う）、フライト（逃げる）、フリーズ（凍りつく）」の中の「フリーズ」反応が起きました。

「ファイト、フライト、フリーズ反応」は、扁桃体の過剰反応で起こります。しばらくしたら、むくむくと、「（戦争を回避するために）なんとかしなくちゃ」と、「ファイト」モードにスイッチが入りました。

もしも過去生というものがあるとしたら、その時に戦争体験があったのかもしれません。

案の定、この事件の直後にアメリカのブッシュ大統領は「もしも我々（米国）につかないなら、あなたはテロリストだ」という乱暴な論法で、「テロリストに対する戦争」を始めました。米国での惨事に同情的だった世界のほとんどの国々を味方にして、「テロと戦う」ことにしたのです。

米国の同盟国の日本ももちろん、この対テロ戦争に参戦しました。1991年の父ブッシュの湾岸戦争の時に日本は、「お金だけ出して血を流さない」と批判されたので、今回こそは、と日本政府は戦後初めて自衛隊を戦地に送ることにしました。

戦後ずっと守り続けた自衛隊の専守防衛が、911事件で破られました。これは私にとって、そして平和主義の日本人にとっては大事件でした。

まずは2001年10月7日未明、アフガニスタンへの空爆が始まり、そして2003年3月20日には、まるで花火大会のように空を色とりどりに染めた「衝撃と畏怖」のイラク攻撃が始まり、その様子がテレビで放映されました。

「テロリストが潜んでいる」と思われる場所に、米軍は空爆しました。実際は人びとが住んでいる町や村が爆撃されるので、テロリストではない子どもや女性を含む多くの無実の人たちが犠牲になりました。

私にできることはなにか

私はアフガニスタンへの空爆を、1歳と0歳の子どもに授乳をしながら、目に涙をいっぱいにして見ていました。爆弾の下にいる人びと、特に自分と同じようなお母さんたちのことを考えていました。

そして、2018年となった今も「対テロ戦争」はシリアにも広がりながら続いています。人類の文明発祥地のチグリスユーフラテス河一帯を含む美しい中東諸国がめちゃくちゃにされ、多くの人が殺され、傷つき、家や仕事や家族を失い、難民になりました。やりきれない思いです。

私は20代にマスコミで働き海外取材に行き、また環境運動を通して欧米の友人が大勢いました。彼らから日本では報道されない情報をメールで直接受け取っていました。それを読んでは、冬のさなかに空爆から避難しなくてはならないアフガニスタンの乳飲み子を抱えたお母さんに自分自身を重ねていました。

自分が今アフガニスタンにいて、この子たちを育てていたらどんなに怖くて心細いだろうか、子どもを守るためにどれほど必死だろうか、逃げたくても逃げられなくてどんなに絶望しているだろうか、自分たちを攻撃してくる米軍をどれほど恐れ、憤慨しているだろうか、と想像しました。

「自分は爆弾が落ちてこない日本にいる。アフガニスタンのお母さんより、できることがあるはず」とも思いました。

「なんとかしたい、戦争を止めるために何かできないか」と模索し続けていました。

そして、テロの数日後から受け取った英語の情報を訳して、手当たり次第にネット上で情報発信を始めました。その手当たり次第の情報発信が、ある日、バウさん（山田和尚）という神戸元気村の代表の方の目に留まり、彼から突然、電話がありました。

私はその時、アメリカの元軍人がブッシュ大統領に書いた手紙に感動し、それを翻訳して、「この手紙をニューヨークタイムズに意見広告として出したい。アメリカ人の良心を呼び起こして、平和的解決の一助にしたい」、という投稿をしたのです。

911から1週間ほど経った頃のことです。

米国メディアへの意見広告

バウさんとは全く面識がありません。電話の向こうで彼は「きくちゆみさん、このニューヨークタイムズへの意見広告、やりましょう。お金集めは僕がやりますから、ゆみさんは意見広告を出すのに必要なことを進めて、僕に情報をください」と言いました。

こうして、インターネット上でバウさんと彼の仲間たちが事務局となり、日本で寄付を募って、ニューヨークタイムズに平和の意見広告を出す「グローバルピースキャンペーン（GPC）」が始まりました。

その手紙を書いた退役軍人は、グレッグ・ニーズさん。彼はブッシュ大統領に対して、「もしもアメリカが世界のリーダーで本当に自由と民主主義の国なら、テロに対して戦争をするのではなく、テロをなくすために手を差し伸べよう。世界に本当の自由と平和をもたらすリーダーとして行動しよう」と、呼びかけたのでした。その手紙は本当に崇高で感動的な内容で、こころを打ちました。

バウさんは1995年1月17日の阪神淡路大震災時から、神戸で大勢のボランティアのリーダーとして長年にわたって活動していたので、圧倒的な信頼と人望がありました。それで、ニューヨークタイムズに出す広告費として必要だった14万ドルを2週間で集めたのです。当時のレートで1700万円という、私には想像もつかない大金です。新聞社への広告費だけでなく、広告製作をしたNPOパブリックメディアセンター（広告代理店）への費用を含むと、これだけの費用が必要でした。

乳飲み子2人を抱えて山奥に住む私が、もし1人でやろうとしたら、ニューヨークタイムズに意見広告を出すことは、到底《とうてい》できなかったことです。

こうして、鴨川の山奥で自給自足を目指していた私と、神戸のバウさん、彼の仲間たちを繋いで始まったグローバルピースキャンペーンは、私の予想を超えて大きなうねりとなりました。今でも講演する先々で、「あのとき、私もニューヨークタイムズの意見広告に寄付しました」

と言われることがあります。

グローバルピースキャンペーンには、ニューヨークタイムズに無事広告を出した後も、資金が集まり続けました。二回目には今度は西海岸のロサンゼルスタイムズに、アフガニスタンの子どもたちの惨状を訴えた広告を出しました。彼らがすでに貧困と飢餓で大変な状況にあること、そこに空爆をしたら、どれだけの命が奪われるか、を訴えました。アメリカ人の良心を呼び覚ます内容です。

さらにはアラビア語の新聞ジャバナン、イタリア語のスタンパ紙などにも、平和のメッセージ広告を出しました。

そして、2003年のイラク戦争の前には、ワシントンポストとニューヨークタイムズに米軍が第1回湾岸戦争（ブッシュの父親が大統領だったとき）で使用した劣化ウラン弾の子どもたちへの影響についても意見広告を出しました。

米国での『Addicted To War（戦争中毒）』の出版サポート、日本でのマンガ『戦争中毒』の翻訳出版、『テロリストは誰?』など米国の外交政策を批判的に描いた映画翻訳製作、そして、911事件の真相究明活動などと、およそ乳飲み子2人を抱えたお母さんにはふさわしくない大量の仕事を、私は寝食を削って必死で続けることになりました。

ハリウッドにマンガ『戦争中毒』の宣伝ビルボードを出し、『テロリストは誰？』を大勢の人に見てもらえるように「東京平和映画祭」を始めたりもしました。

今こうして振り返っても「グローバルピースキャンペーン」で私がやったことは、どうやってやり切ったのか自分でも信じられないぐらいです。寝る時間を極限まで削って、休みなく働き続けました。「働く」といっても、報酬が出ることはありません。自分の本やDVDを売ったり、講演をしたりして、自費で活動していました。

動けばできる（不可能だと思ったNYタイムズの意見広告ができたので）、戦争を止めることだって可能かもしれない、と思ったのでしょう。当時、命を産み落としたばかりの私にとって、命を守ること以上に意義があることはありませんでした。

平和のために突っ走った日々

私は怖いもの知らずでした。

自分がやっていることが、どれだけ米国政府に嫌がられているかを、のちに米国入国の時にいやというほど体験します。

私は日本人であるにも関わらず、自分では変える力や権限を持たない米国政府の対テロ戦争に反対し、アメリカに出かけて行ってアメリカ人に向かって「戦争をサポートするな（戦争をサポートする政治家を選ぶな)」「対テロ戦争をやめさせて」と言い続けていました。

サンフランシスコやロサンゼルスで行なわれた大きな反戦デモでは25万人の前で赤ちゃん(4番目の子)を片手に抱いて、スピーチもしました。このことは、ロサンゼルス支局からたまたまそのデモを取材しに来ていた朝日新聞記者の伊藤千尋氏の目にとまり、記事となりました。東京新聞も私の無謀で大胆な行動を記事にしました。

2004年のアメリカの大統領選挙では、平和の大統領を当選させようとデニス・クシニッチを応援しました。民主党の予備選挙の時にはアイオワまで出かけて行って、彼の遊説についてまわって前座をしました。その様子は、地元の新聞に大きく掲載されました。

彼の選挙公約の一つがアメリカ政府に平和省を創設することで、彼が落選した後も、全米平和省会議は続きました。私はそのメンバーになり、会議に参加して仲間を得ました。そして、ロンドンの第1回平和省地球会議にも参加して、世界中の平和省を創ろう、という仲間とつながりました。やがて、日本にも平和省を創ろうと「JUMP(Japan United for Ministry of Peace)」を立ち上げました。

「陰謀論者」のレッテル

ここまでは、まだ人びとがなんとか理解できる「平和運動」でした。このあと、たまたま玄さんがロスで出会った映画監督から『911 in Plan eSite』（のちに日本語版『９１１ボーイングを捜せ』として発表）というドキュメンタリー映画を託されました。この映画を観た瞬間、私はまたフリーズし、世界観がひっくり返りました。

そこには私が思っても見なかったことが描かれていました。９１１事件に米政府が関与していることを示唆した映画でした。そんなことを考えるだけでも馬鹿げていて、荒唐無稽《こうとうむけい》だと最初は思いました。

でも、何度繰り返して観ても、世界貿易センタービルに航空機が突っ込む直前に閃光《せんこう》が写っています。そして、ビルが崩れる時、上層階から順番に次々と爆発した煙が水平に吹き出ています。まるでビル解体のように見えます。あらかじめ爆薬が仕掛けられているのではないか、と思われる映像がそこにあり、私は頭を抱えました。

日本ではまだ誰もこのことを知らない。

もしもこれが本当だったら、日本は米国政府と一緒に仕組まれた「対テロ戦争」に参戦していることになる。この映画を日本語に翻訳して、日本政府に知らせなくては、と、すぐ翻訳を開始しました。そして、国会で上映会をやりました。

そんなことをしてまもなく、私は「陰謀論者」と言われ始めました。平和活動をしている人たちも、私から距離を置き始めました。そしてこれまでとは違う人たちが近づいてきました。

テレビ出演を含むマスコミの仕事（私の20代からの大切な仕事で収入源の一つでした）はすっかりなくなりました。意見広告などで応援してくれていた大勢の人びとの信頼も、大方失いました。

そんな私を信じてくれる人は、少なからずいました。911事件のことに首を突っ込んでから、これまで会ったことがないような人たちと会うようになりました。

私は「陰謀論者」と言われるのは嬉しくはなかったですが、自分の信じる道を突き進みました。911事件の真相究明国際会議を東京で開催したときは、開演直前から長蛇《ちょうだ》の列ができて驚きました。

私と同じように、911事件は米国政府の自作自演の可能性がある、と主張するディビッド・レイ・グリフィン博士、ジミー・ウォルター、ウィリアム・ロドリゲス、リチャード・ゲイジなどを日本に自費で招いて、彼らの講演活動をオーガナイズしました。

このころの私を「狂っている」と称する人たちもいました。私のバッシングサイトもたくさんできました（今もあります）。でも、そういうことは私の行動に影響しませんでした。私は911事件の公式説とは違うことを描いたいくつものドキュメンタリー映画の日本語版製作

（『911ボーイングを捜せ』『911の嘘を崩せ　ルースチェンジ2』『911真実の青写真』「ZERO：9／11の虚構』など）をたて続けに行ない、日本でこのことを知らせる一定の役割を果たしました。ベンジャミン・フルフォードさんや中丸薫さんに『911ボーイングを捜せ』を最初にお渡ししたのは私です。

今だから分かりますが、こうした行動はどれも、「空の稲妻に指図する」ことばかり。私は一体何年間、そのことに没頭していたのでしょう！

この「没頭」は、2011年3月11日の東日本大震災の日まで続きました。

純粋さと反動

当時の私の動機は純粋です。子どもを失ったアフガニスタンやイラクの母親たちに、自分を重ねていました。

911事件が起きたとき、私は離婚裁判で負けて、二人の子どもの親権を失ったばかりでした。自分の命より大事な二人の子どもたちと4歳と6歳で別れ、父親（元夫）がロンドンに転勤となり会えなくなっていました。

子どもたちは生きているのはわかっていますが、愛する子どもたちと会えない寂しさと悲しさはあまりに大きくて、乗り越えるのに何年もの歳月が必要でした。

そんな私でしたから、戦争で子どもを失う苦しみがどれほど大きいか、想像がつきました。そんな思いを、アフガニスタンやイラクのたくさんのお母さんたちに経験させたくない、爆撃を止めたい、それには911事件はテロリストの仕業ではない、ということを報《しら》せれば、戦争は止められる、と純粋に思ったのです。私は単純で必死でした。がむしゃらに、ひたすらに、周囲には目もくれずに動いていました。

当時、私の英語は今よりずっと拙《つたな》かったし、間違いだらけだったと思います。実はいまだにLとRを聞き分けることと、その正しい発音ができません。今ではすっかり英語のネイティブスピーカーになった息子や娘に、発音が違うと指摘されます。

それでも私は恥ずかしくありません。イラクのお母さんや子どもを救うためには、戦争が始まる前に戦争を止めるしかない、と一途に考え、行動しました。ですから、私は自分の英語力や二人の乳飲み子がいることや彼らへの負担などは気にかけず、声がかかれば日本の何処へでもアメリカまでも出かけて行っては、何人を前にしても恐れずに話し続けました。

私の信念はとても強いです。そしてその信念は厄介です。自分と違う信念を持つ人を遠ざけ、敵にしてしまいます。「始まる前に戦争を止めるには、アメリカ人の考え方を変えるしかない。アメリカ中の人が戦争に反対したら、戦争は止まる」と、無謀で実現不能なことを、やろうとしていました。

今の私は「人の考えや行動を無理に変えることを目的に行動するのは、暴力的だ」と、思います。人を無理に変えることはできません。人は自らの気づきで変わります。人が私のあり方に刺激を受け、それをきっかけに変化することはあるでしょう。私にできることは、私のあり方や生き方を変えることだけです。

外から変化を強制されたときは、そのとき一瞬人が変わったように見えても、長続きしません。必ず痛いしっぺ返しがあることを、私はこのあと嫌という程、繰り返し体験します。「もうわかった」と、私が白旗をあげるまで。

「命を守る」という純粋な気持ちからの行動ではありますが、９１１事件の直後にアメリカに行って戦争反対を訴えると、ものすごい反発を受けました。「アメリカが嫌いなら帰れ」とよく怒鳴られました。大男に殴られそうになったことも何度かあります。

私はアメリカ人と喧嘩《けんか》したいわけではありません。が、私の直接的な行動は、受け入れられませんでした。アメリカには環境運動時代からの友人も多いのですが、９１１事件の後、多くの友人が私から離れていきました。

テロに対して戦争をして、無実の人たちを傷つけたり殺したりしたら、もっと悲しみや憎しみが増えて、さらに暴力が増えてしまう、ということをわかってもらいたかった。でも、私の真の意図をアメリカ人に理解してもらうことは、本当に本当に困難でした。

NVCとの出会い

この日は、北カリフォルニアのアーケイタと言う小さい町で50人ぐらいの戦争反対集会で話をしました。著名な平和活動家のブライアン・ウィルソン（中米への武器輸出を止めるために、列車の前に横たわり、自分の両足を捧げた人）ともそこで出会い、仲良くなりました。彼とは今でも友達です。

私が話すことは、いつも同じで真実です。戦争で一番犠牲になるのは赤ちゃんと子どもだ、ということ。大人なら傷を負うだけの爆弾の小さい破片でも、赤ちゃんには致命傷になります。そのことを、アフガニスタンで命を落とした赤ちゃんの写真を見せながら、語りました。

赤ちゃんを育てているときに戦争になってしまったら、逃げることは困難です。厳冬のアフガニスタンの山岳地帯を、子どもを背負って逃げる母親のことを思うと、涙が止まりませんでした。聴衆の前で、私はよく泣きました。

インフラが破壊されたら、水も使えないし、食料も手に入らないし、料理もできなくなります。子どものいる家庭が困り果てることを、自分の暮らしぶり（当時は自給自足の生活をしていた）と比較しながら話しました。

グローバルピースキャンペーンという日本で生まれた運動によって、インターネットでお金を集めて、ニューヨークタイムズやロサンゼルスタイムズに意見広告を出したことは、アメリカの平和活動家の間でも知られていました。そのキャンペーンを立ち上げた人間として、私は聴衆の前に紹介されました。その人物は、予想に反して小柄で、日本の山奥で二人の赤ん坊を抱えて自給自足を目指している一人の母親でした。

私が話し終わると、どこでも感動の拍手が鳴り止みませんでした。その日は、聴衆の一人の男性が近づいてきて、カセットテープの束を私にどさっとくれました。

「あなたはこれを学ぶといい。役に立つと思う」と彼は言いました。私はキョトンとしてそのテープの束を受け取りました。

当時、私はまだＮＶＣ（Nonviolent Communication）を知りませんでした。講演をするたびに、あちこちで色々なものをもらうので、このカセットの中身が、マーシャル・ローゼンバーグがＮＶＣを教えているテープであることを知ったのは、後のことです。ともかく、車の中でそのテープを初めて聴いたとき、彼の話すことはまるで初めて学ぶ外国語のように聞こえました。つまりちんぷんかんぷんだった、ということです。これが私とＮＶＣの最初の出会いです。

その後も、ＮＶＣは繰り返し私のところにやってきます。

２００４年にデニス・クシニッチが大統領選挙に立候補した時、「平和省を米国政府内に作る」、という彼の公約に賛同した人たちが、ピースアライアンスという団体を作り、平和省創設に特化した運動を始めました。私は喜び勇んで、その運動に加わりました。その運動で「全米平和省会議」に参加したとき、「ここではこの本を参考にして、なるべくNVCを使って話すように」、とある本を手渡されました。

本のタイトルは『Speak Peace in the world of conflicts（争いの世界の中で平和を話す：本邦未訳）』。著者はマーシャル・ローゼンバーグ博士。

私は、「あっ！」と思わず声をあげました。

「あのテープの人だ」、と思いました。聴いてもちんぷんかんぷんで、そのテープはとうの昔に何処かに行ってしまっていました。

最初にカセットテープ、次は本、という形で、私の人生にやってきたマーシャル・ローゼンバーグ博士。彼と私は同じ地球で生きていたのに、マーシャルは２０１５年に他界してしまいました。生きている彼に一目会いたかった！　私が後悔し、教訓として学んだことの一つは、会いたい人がいたらすぐ会いに行くことです。人の命は永遠ではありません。

もちろん、マーシャルは私の心の中で生きています。彼の教え、彼の言葉。困ったときは、彼の本を何度でも読み返します。

私が一番勇気付けられた教えの一つは、彼が社会変革について語ったことです。

「もし私がNVCを人びとの落ち込みを減らし、彼らの家族とうまくやれるよう、自由にするためにだけ使い、でも同時に彼らに世界のシステムを急速に変えるためにエネルギーを使うことを教えないなら、私は問題の一部だ」マーシャル・ローゼンバーグ
〝If I use Nonviolent Communication to liberate people to be less depressed, to get along better with their family, but not teach them, at the same time, to use their energy to rapidly transform systems in the world, then I am part of the problem〟 Marshall Rosenberg

活動の成果

私は環境運動をしている頃から、さまざまな国際会議に参加しています。会議ではそれぞれが自分の主張をするばかりで、議論が噛み合わないことがあります。この全米平和省会議では建設的な議論が多いことに気づきました。自分の感情に気づき、その奥にある大切なニーズを味わうこと、相手の感情を推測し、相手にもある大切なニーズを推測して、それが自分の中にもあると知ることが、どんなに豊かなコミュニケーションを可能にするかの一端を垣間見ました。

この全米平和省会議での体験は、私を2005年に第1回平和省地球会議が開かれたロンドンへ、そして運命の2006年第2回平和省地球会議が行われたカナダへと誘います。

そしてコネプラを学んだ今、当時の国際会議から国際会議へと飛び回っていた私を振り返ると、まさに「空の稲妻に指図し続けていた」ということがわかります。私は、自分が直接の権限や影響力を持たない出来事（例えば、他国の戦争）をなんとかしようと必死でした。そんな私の長年の不眠不休の「平和」（のためと私が思った）活動は、残念ではありますが、平和を創る効果はほとんどありませんでした。同時に、私と私の家族を消耗させせました。

唯一、自分が動いたことで、願いが叶ったことが一つあります。ベリーズに熱帯林の自然保護区を誕生させることができました。1990年のことです。この小さい成功体験（『地球と一緒に生きる』八月書館刊、参照）は、私が行動をためらう時に、いつも勇気をくれます。このこと以外では自分の望む結果は得られないまま、2011年3月11日の大地震と原発爆発で、四半世紀の「活動家」の時代が瓦解《がかい》しました。

もう一つありました。もしかしたら、これが最も大切なことかもしれない。手当たり次第に環境や平和の活動を続けたおかげで、デニス・クシニッチに出会い、彼の大統領選挙運動に関わった結果、2005年にロンドンで開催された第1回平和省地球会議の情報をキャッチすることができ、参加できました。それが運命の2006年のカナダで開催された第2回平和省地球会議への参加につながります。そこで私は運命の二人、ベイNVCのミキ・カシュタン、そして、コネプラ創設者のリタ・マリー・ジョンソンにも出会うことができたのです。

カナダで出会った二人の女性、ミキとリタ。

ミキは私にとって、ＮＶＣの最初の先生。そして、リタは私にとって最初で最高のコネプラの先生。今も私の人生に大きな影響を与え続けている二人の女性に出会うために、私は四半世紀も世界中を旅し続けていたのだ、と今は思います。

そういう意味では人生、何も無駄はないのかもしれません。その時はわからないことでも後から見ると、すべて導かれている気がします。

私が平和活動に取り組むことになったきっかけは９１１事件です。９１１事件がなければ、グローバルピースキャンペーンも立ち上げなかったでしょう。だとしたら、リタとの出会い、そして今私の人生でもっとも役に立っているコネプラと出会うこともなかったのです。

リタに初めて出会った２００６年の頃の私は、きっと今より目が吊り上がり、必死な形相をしていたのではないか、と思います。

自分が「これしかない」と思って突っ走る時、パワーはあります。ただ、猪突猛進《ちょとつもうしん》で周囲の人をなぎ倒してしまいます。そして必ず、他人の「これしかない」とぶつかり、争いになります。

そうやって私はいろいろな人と争い、疲れ果てました。ついに完全に打ちのめされる出来事が、３１１の原発震災でした。

９１１で私の人生は大きく変化し、３１１で根底から覆《くつがえ》されました。活動家の人生に終止符が打たれました。

活動家の私が死んだ日

２０１１年3月１１日の東日本大震災。

私はその年の東京平和映画祭の上映候補作品の一つ、「カンタ！チモール」（広田奈津子監督）という映画の試写会に参加するために東京にいました。その日、家族は鴨川にいて、子どもたちは小学校に行っていました。夫は築２００年の我が家にいたはずですから、あの家（築２０0年）がこの大地震に耐えられたのか、私は心配でした。

午後2時４6分、私のいた池袋の勤労福祉会館は古いビルでものすごく揺れました。このままビルが崩れて、私はここで死ぬのかもしれない、と一瞬思ったぐらいです。

その時私は「家族と会うまでは絶対死にたくない」と強く思いました。子どものことが愛おしくて、涙が出ました。

家族がどれほど大切で、愛しているのかを悟った瞬間です。

ビルは倒れることなく、私は生き延びました。

揺れが収まると携帯電話は通じなくなっていて、家族とは連絡がつきませんでした。この時、もしもこのまま家族と会えなかったら一生後悔する、と思いました。

私は911事件以降、「対テロ戦争を止める」と、がむしゃらに、外へ外へと活動を優先していました。が、気がついたら、自分の子どもたちを含む家族のことは、いつも後回しにしていました。息子のサッカーの試合も見に行かないし、娘のバレエの練習も発表会も活動が忙しくて見に行けません。土日はいつも出かけていて、何らかの活動……。

小さい時からママがいなくてさみしい思いをしていた子どもたちのこころにこのとき気づいて愕然《がくぜん》としました。「子どもたちよ、ごめんなさい！　ママを許してください」

自分自身も全く休みなく、無給で働き続け、講演や著作業で得た収入は活動に使ってしまう。家族には「第三世界の人たちのことを考えて」と、質素を強いていました。そういえば、子どもたちには服も靴も新しいものは買ってあげたことがほとんどありませんでした。

ボランティアに明け暮れ、経済的時間的余裕も全くなく、一緒に活動をしている人たちともストレスがあり、自分自身がボロボロだったことにも気づきました。

地震で大停電となった東京。勤労福祉会館で帰宅難民となった百人ぐらいの人とテレビを観ていたら、夜のニュースに「福島第一原発、全電源喪失」というテロップが流れました。

心臓が止まりそうでした。そのことの意味を私は知っていました。

「原発がメルトダウンするのは時間の問題。すぐに子どもたちを避難させなくちゃいけない」

と即座に思いました。

しかし夫とは連絡がつきません。携帯は通じず、交通機関はすべて止まり、動けません。タクシーもありません。余震の続く不安な夜を池袋で明かしました。

翌朝、一部の交通機関が動いて、千葉駅までたどり着きました。普段40分で行けるところが6時間かかりました。Twitter（ツイッター）が奇跡的に通じて、夫と家族の生存を確認できました。30時間ぶりに千葉で家族と再会できたときは、喜びで抱き合いました。

その時、夫と私がほぼ同時に語った言葉は、

「福島原発がもうメルトダウンしていると思う。早く、なるべく遠くに逃げよう」

二人の意見が一致しました。日本政府は原発のメルトダウンをこのときは隠していました。

（発表したのは2カ月後でした）。

原発や放射能の健康への影響に関して意見が違う夫婦が、311の後に離婚するのをたくさん見ました。だから、この時どう行動するかで夫と意見が一致していたことは、本当にありがたいことでした。

家族との再会と決意

再会してすぐ次の行動が決まりました。

放射能が来る前に子どもたちを逃す、です。

私たちは、一旦家に戻ってパスポートと現金と少しの荷物を持って、家を出ました。

長年住み慣れた私たちの家。自給自足を目指した生活の拠点。無農薬の田んぼと畑。

築２００年の古民家を住みやすく改装した大好きな鴨川の家……。

もう二度と戻らないかもしれない覚悟で後にしました。

目指すは羽田空港、そして沖縄。

途中、アクアラインに入る手前で、君津のコスモ石油が爆発炎上しているのを間近で見ました。空が大量の煙で真っ黒になっていて、まるで戦場のようでした。

この震災がただ事ではないことを実感しました。


空港はきっと避難しようとしている人でごった返しているだろうと私たちは思っていました。ところが実際に到着してみると、広い空港がガラーンとしてほとんど誰もいないので、拍子抜けしました。

私たちの隣では、フランスから来たテレビ局のクルーがなんとかして福島に入れないかと交渉していました。一方、私たち家族は福島から一番遠い沖縄を目指していました。

自分がもし大新聞やテレビ局で働く報道記者だったら、という考えが頭をよぎりました。私はかつてテレビ局でレポーターをしていたことがあります。

「もう二度と子どもから離れたくない。だから福島には命令されてもいかない。クビになっても行かない。子どもが一番大事」とそのとき思いました。

沖縄にできた「つなぐ光」

その日は、沖縄便は満席だったので福岡まで飛び、一夜を明かしました。那覇空港に着いたのは3月13日。長年の平和活動の仲間の金城睦《ちかし》さんが迎えに来てくれました。

金城さんには、私たちが知りうる限りの福島に関する情報を伝えました。「原発がメルトダウンしているので、福島の母子と妊婦を沖縄に避難させたい。協力して欲しい」と頼みました。

早速、彼のマンションの2階の会議室に、旧知の仲間たちが集まってくれました。私と夫は、東日本大震災のこと、特に福島第一原発の状況と影響について、話をしました。もちろん沖縄の人たちにとって、このことは初耳でした。

私たちは、原発がメルトダウンしていることを確信していたので（報道がメルトダウンを認めたのは、2カ月後でしたが）、被曝の影響を受けやすい妊婦さんと子どもたちを避難させる必要があることを訴えました。

金城さんの家に集まった人たちの中から、仕事を辞めてその母子と妊婦の避難活動をサポートしたい、という人が手をあげてくれました。中川角司・コカ夫妻です。

角司さんは、「これにしばらく専念するよ」と言ってくれました。

彼は、この活動を「つなぐ光」と名付け、コカさんと2人で全力投球してくれました。

私たちは早速、空き部屋提供を新聞で呼びかけて、福島から200キロ圏内の人たちの避難支援活動を始めました。

震災後、いち早くこうした活動を始めることができたのは、金城さんや中川夫妻を始めとする温かい仲間が沖縄にいたからです。福島原発についての情報がないときに、私たちを信頼して動いてくれた方々に、今も私は感謝でいっぱいです。

こうして沖縄でできた「つなぐ光」は200名を超える母子と妊婦さんの避難を支援し、一部の人びとの移住もサポートできました。

今でもこの時の出来事を振り返ると、人と人とのつながりの有難さを感じずにはいられません。

「ハワイ旅行」が「ハワイ移住」へ

そしていよいよ、私たちはハワイへ。

これは偶然だったのですが、私たちの結婚10周年を記念して、2011年の春休みに家族でハワイに行く計画をしていました。成田空港出発でしたが、放射能を避けるために名古屋出発に便を変え、3月20日にハワイへ出発しました。私の考えでは偶然ですが、本当はすべてが必然なのかもしれません。

ハワイ島コナ空港に到着すると、子どもたちを日本に返す選択はありえない、と私は思いました。夫も同じ考えでした。

「このまま帰らないで、ここに住む」私と夫が同じ考えでよかったです。ここが一致していなかったら、きっと離婚していたと思います。

ハワイでの暮らしは、コナで一番安く泊まれる小さいホテルの一室で始まりました。キッチンがないので、コーヒーメーカーで味噌汁を作り、小さい炊飯器を買って、おままごとのような暮らしが始まりました。

私たちはほぼ着の身着のままで家を出て来ていたので、夫と私だけは帰りの航空券を使って、日本に荷物を整理しに戻ることにしました。

その間、子どもたちを預かってくれる人を探しました。

娘は小田まゆみさんが、息子はハワイ人のジミーさんが預かってくれることになり、私たち夫婦は一旦日本に戻りました。

その間、京都で藤田祐幸（慶應義塾大学助教授）さんにお会いしたり、京大原子炉実験所で働く小出裕章先生に会ったりして、福島第一原発に関する情報をできる限り集めました。

家族最優先の生活へ

日本に一時帰国している間に、地震が起きる前から決まっていた911事件に関するイベントがありました。政府公式説を信じる人たち、そして「陰謀論」を主張する私たちとの公開討論会です。

観客はほとんどが公式説を信じる人たちでしたので、私たちは自説を受け入れてもらうことも、理解してもらうこともできませんでした。

この会議は私にとって、本当に不快で居心地が悪いものでした。私は本当のこと、信頼、誠実さが大事だ、とつくづく思いました。

そして、もう二度とこういう会議には出ない、自分のこころがワクワクしないことは絶対にやらない、とこころに誓いました。

311大震災は、私の優先順位を明確にしてくれました。

20年もの歳月を、家族や大切な人たちを後回しにして、環境運動や平和活動に明け暮れたことをしみじみ振り返り、反省しました。

311大震災で自分が「死ぬかもしれない」と思った時、私にとって一番大事なのは家族でした。特に子どもの命を守ることは私の責任で、何より大事だと改めて気づきました。夫と一緒にそれを優先してやる、と悟ったのです。

他のことはすべて二の次です。

これからの人生は、家族のことを最優先しよう、と遅まきながらこころに誓った瞬間でした。

絶望から希望へ

私たちは、ハワイで生活するために健康コンサルティングの仕事を始めました。が、最初はお客様もいなくて、生活はとても苦しい状態でした。しかし子どもたちを被曝させないことが最優先ですから、できることは何でもやりました。

ボランティア活動からは一切身を引きました。ボランティアはお金と時間とこころに余裕がないとできない、と痛感しました。

ハワイ暮らしにやっと慣れた2014年のある日、リタから「そろそろラスールにならない？」と誘われ、カリフォルニアに飛びました。そこで1カ月トレーニングを続け、ラスール検定（認定コース）に臨み、夫と私は初の日本人ラスールになったのです。

その後の川口久美子さんとともにラスールジャパンを立ち上げた経緯は、第2章に書いたとおりです。


３１１原発震災で絶望し、人生の目標を見失っていた私でしたが、リタの誘いを受け入れたことから、希望に向かって歩き始めることができました。コネプラは私の人生を変えただけではなく、そのスキルを身に付けた人の人生をも変容させています。そして、コネプラを実践する人がつながり続けることで、社会をも変革する力を秘めています。

公教育でコネプラが教えられたコスタリカという中米の小国が、地球幸福度指数ＮＯ１の国となったことは、決して偶然ではありません。

第4章　ハートは答えを知っている

ハートと脳をつないで洞察を磨く

コネクション・プラクティスの基礎コースパート1で習うものに「ハート／脳洞察」というスキルがあります。ハート知性に繋がり、直感を得るプロセスです。

講座の中では、学校でも家庭でもしょっちゅうイライラして、暴力的になってしまうコスタリカの6歳のガブリエルくんの話が出てきます。

ちょっとしたことでカッとなり、他の子どもや妹や弟を殴るので、学校でも家でも「問題児」と見られていました。本人も親も学校の先生も原因がわかりません。

ある時、学校の先生がコネプラを習い、習った通り「ハート／脳洞察」のステップをガブリエルくんにやってみました。

ステップは次の通りです。

1、クィックコヒーランステクニックをする

①ハートフォーカス（心臓に意識を集中する）

②ハート呼吸（心臓で呼吸しているかのように深い呼吸をする）
③ハートフィーリング（①②を続けながらハートを感謝で満たす）
2、ハートに「私は何を知る必要があるか？」と聞く
3、答えを聞く（30秒かそれ以上かかることが多い）
4、答えを書き留める
5、その答えに従って行動する

ガブリエルくんは、海に遊びに行ってイルカが沖をジャンプしている日のことをこころに描きました。するとハートがにっこりしました。子どもには「楽しかった時のこと」をこころに描いてもらうと、コヒーランスになりやすいのです（「感謝」でハートを満たす、というのは大人向けかもしれません）。

こころがほっこり笑顔になったら、彼は先生のリードに従って、静かに聞いてみました。「僕はこのこと（イライラして、他の子を殴ってしまうこと）から何を知ればいい？」

しばらくして、目を開けた彼は驚いた表情で、ベッドに男の子が寝ている絵を描きました。その絵を見ても意味がわからなかったので、先生はどういう意味か聞きました。するとガブリエルくんは、

「僕のハートが、僕は十分に寝ていない、って言ったよ」と言いました。

それでも先生にはよくわからなかったので、どういうことかと聞くと、ガブリエルくんは、消灯し就寝した後にこっそり起きて、朝方までお布団の中で漫画を読んでいると言うのです。お母さんも誰もこのことは知りません。

そして、朝、学校に行く時間になると、お母さんが足を揺すって彼を起こすそうです。その時は、まだ眠くてくたびれているのに起こされて、むしゃくしゃした気持ちで毎朝起きていた、ということでした。そして、妹や弟を殴り、お母さんにまた怒られ、もっとむしゃくしゃして学校に行き、またお友達を殴り、というのを繰り返していたのです。

その晩、彼は自分のハートからのメッセージに従って、漫画を読まずに朝まで眠りました。翌日、彼はぐっすり眠って気持ちよく目覚め、弟と妹を殴ることはありませんでした。そして、学校に行ってもお友達を殴りませんでした。

そうです。ガブリエルくんのイライラは寝不足から来ていたのです。

このことに驚いた彼は翌日も、早く寝ます。翌日も暴力なしです。そしてその翌日もまた翌日も。

たった一度の「ハート／脳洞察」で「問題児」だった彼は、すっかり変身してしまいました。親も先生も、そして何より本人がびっくりしました。

彼が中学校を卒業する頃には、「最も思いやりのある生徒」として学校から表彰された、と聞いています。

コヒーランス、そして「ハート／脳洞察」の素晴らしいところは、このように問題解決が自分でできる、ということです。

親や先生、あるいは他の誰かからアドバイスをもらうのではなくて、自分のハートから直接、ヒントやメッセージを受け取ることができます。

自分の脳とハートと繋がったコヒーランス状態の時に、それは、音や音楽、言葉、映像、色、などさまざまな形でやってきます。練習すればするほど、その精度は高くなります。

私たちコネプラ仲間の間では、失くした物を探すのに、この「ハート／脳洞察」を使っている人もいます。実は、私もその一人でこの間はどこかに置き忘れたと思ったコンピュータバッグを洞察に教えてもらって、無事発見して助かりました。この時は、その場所の映像がくっきりと浮かんできました。

もっと望ましいのは、物を失くしたり、忘れたりしないようになることです。現在は、その目標に向かってプラクティスを続けています。

「ハート／脳洞察」は6歳の子どもにだけできることではなくて、もちろん、大人でもできます。

この本に出てくるたくさんの人、そしてコネプラを学んだ世界中の人が、「ハート／脳洞察」を使って人生を前進させています。（第6章で詳しく紹介します）

私は今では、なんらかの重要な決定をする時は必ず、「ハート／脳洞察」をしてから決めています。

問題は、「ハート／脳洞察」の答えと自分の頭で考えた答えが全く違う時です。私の場合、そういうことがよくあります。やはり、長年の習慣で、よく考えた答えの方が合理的で正しい回答に思えて、軍配をあげたくなります。

しかし、「頭の考えではなくて、ハートの答えに従ってよかった」という例を紹介します。

脳は恐れるが、ハートは恐れない

コネプラを一緒に学んだ仲間に石井佑都杏（ユッキー）さんがいました。

彼女は乳がんを再発し、その後全身に転移した末期ガンと診断され、医師からは余命2カ月と言われていました。そんな状態でも彼女は、「ハワイのゆみさん（私）の家で療養して元気になって、ホノルルマラソンに出る」という夢を持っていました。

2015年のある日、ユッキーはこの夢を実現したいと担当医に話したのです。

しかし、担当医からは、「喉にある腫瘍で気道が狭くなっているから、あなたが飛行機に乗ることには、命の危険がありますよ」と言われたのでした。

私は「ユッキーの夢を叶えてあげたい」と思う一方で、「もしもユッキーを預かっている間に、体調が悪化して万が一のことがあったら、とても責任を取れない」という思いもあって、怖くてなかなか「イエス」と言えませんでした。

自分の中で相反する二つの声があるときは、それぞれの言い分を聞いて、感情に名前をつけ、大切なニーズを特定し、それからコヒーランスになってこころの声を聞く（洞察）ことをします。これは非暴力コミュニケーションで学んだ自己統合とも似ています。違う部分は最後にリクエストをするのではなく、ハート／脳洞察でハートの声を聴くところです。

ユッキーの受け入れに「ノー」と言っている私は、怖くて、恐れていて、不確かで、確証や安全、明確さと健康（命を守ること）を欲しがっています。

一方、ユッキーをハワイに招いて夢の実現をサポートしたい私は、信じていて、勇気があり、サポートや愛、命の輝き（健康）を大切にしていました。

どちらも健康が大事なんだなあ、と思いながら、静かにハートに集中し、まるで心臓が呼吸しているかのようにゆっくり息をして、そのままハートを感謝で満たしていきます。

すると「ＹＥＳ（受け入れる）」と字が出てくるのです。

それでも、実行に移そうとすると、いろいろな考えが出てきて、「無理、何考えているの、何かあったら責任取れないよ」とまだすぐ「NO（ノー）」の声が私を支配します。そんなことを10回ぐらい繰り返したでしょうか。

恐れでノーと言っている時、コヒーランスになってハートに聞くと、やはり「大丈夫」と言います。この真逆の答えには、毎回驚かされました。

脳は恐れて「ノー」なのですが、ハートは何度聞いても恐れがなく、愛に溢れていて、「イエス」なのです。ついに、私はハートの声に従って、ユッキーを迎えに京都に行くことにしました。

ユッキーとご家族と担当医と看護士さんたちとの長いミーティングが始まりました。医師はとても柔軟な方で、本人の意思が一番大事だ、ということを何度も繰り返していました。もちろん、ご両親の意向も大事だし、受け入れる私の責任、私の家族への影響という課題もありました。

飛行機に乗ることの危険（気圧の変化で気道がふさがる可能性）などを本人、ご両親、私が承知し、万が一ハワイ渡航中や滞在中に亡くなった時には、遺体を火葬して日本に持ち帰る、などということまで詳細に書かれた書類に署名をしました。そうして全員が合意した上でユッキーのハワイ行きが実現しました。

京都を出発するとき、まずは札幌まで飛んで気圧の変化で体調がどうなるか様子を見て、大丈夫であることを確認しました。次にホノルル行きの長いフライトに乗りました。大丈夫でした。

ホノルルでは友人のルーク直子さんが迎えに来てくれ、ユッキーを4日間泊めてくれました。

ユッキーの輝く笑顔

そしていよいよ、コナの我が家での療養生活が始まりました。

私と玄さんは「快医学」に基づく自然療法でクライアントの健康増進をサポートするのが仕事です。彼女の場合は、とても食が細くなっていたので、まず食べられるものを見つけるのが大変でした。そこで、彼女の体がイエスという食材を見つけて、毎日調理させてもらいました。来たときは車椅子でしたが、だんだん歩けるようになり、体重も少し増えて来ました。癌の痛みはかなりきつくて、処方された痛み止めが効かない時もありました。そんなときは、呼吸法とコヒーランスを一緒に練習して痛みを乗り越えました。

その時の彼女の安らかで美しい顔は今でも忘れません。

私はユッキーが寝ている間に容態が急変するといけないので、夜は同室で看護しました。ある日、とても体温が下がって、もうダメかもしれない、と思う日がありました。そのときは、彼女の布団に一緒に入り私の体温で彼女の体を温めながら夜を明かしました。

この間の食事は、発芽発酵玄米（小豆入り）が主食で、緑の濃い野菜のスープやジュース、体調が悪くて何も食べたくない時でも、彼女の体が受け付けたのは、オーガニックリンゴのすりおろしでした。

10月にやって来て、ホノルルマラソンまであと1カ月という時に京都からお父様がやって来て一緒に暮らしました。二人で腕を組んで庭を散歩したり、父娘の親密な時間を過ごしているようでした。

そして12月。毎日、少しずつ歩く距離を増やしたユッキーはついにホノルルマラソンに出場します。朝2時に起きて、3時にはスタート地点に集合。少し肌寒い真っ暗なホノルルの街で大勢のマラソン選手とともにユッキーは出発を待っていました。その時、また痛みが襲って来て、とても辛そうでした。その時も一緒にコヒーランスをし、「ここまできたら絶対諦めない」という気迫で、痛みに耐えていました。

そしてついに、出発！

ユッキーのあの笑顔は忘れません。

「私は10分の1マラソンの4・4キロを超えて7キロを歩く」という目標に向かって、一歩一歩歩くユッキーの隣で、私も一緒に歩きました。

1キロ、2キロ、3キロ、そして4キロ、ホノルルの街に太陽が上がって来ました。キラキラ光る朝日を浴びてユッキーの笑顔は輝いていました。そしてさらに5キロ、6キロ、7キロを超え、ついに10キロも歩いたのです。目標をはるかに超える距離を見事に歩いた彼女の輝く笑顔と溢れる涙を、私は一生忘れることはできません。

本当に良くやったね、ユッキー。

夢を実現し、みんなに勇気と感動を与えたユッキー。

翌日、父親と日本から迎えに来た看護士さんと一緒に、ホノルルから日本へ無事帰ることができました。

最後に、「食べ過ぎた」というメッセージがきて、返事がこなくなったので、心配になってハワイから京都のユッキーに電話をすると、お父様が「ユッキーはたった今、息を引き取りました」とおっしゃいました。3カ月後の3月9日の朝のこと、49歳でした。

細い体で、癌になってもずっと笑顔でみんなを励ましたユッキー。

コネプラやNVCを一生懸命学び、広めてくれたユッキー。

このことをリタ・マリーが来日した時に話をしましたら、「ユッキーをラスールにします」と言ってくれました。

肉体を持ったユッキーを失ったことは今でもさみしいです。彼女とはもっと色々なことを一緒にやりたかった。ラスールハウスも作りたかったし、旅行が好きな彼女と色々な国へコネプラの種まきに行きたかった。
ユッキーは2016年3月9日という日を選んで、「サンキュー」と言いながら肉体を離れたのだと思っています。今でも私は、彼女の笑顔から大きな愛と勇気のパワーを受け取っています。

コネプラを生きる旅サンゼノツアー

2018年に実施したカリフォルニア州サンゼノへの旅について、参加者である私（きくちゆみ）、市川恵梨子さん、川口久美子さんの三人、それぞれの視点からの報告文を紹介します。コネプラを実践する仲間たちが、さまざまな課題を乗り越えていく過程が、あなたの人生の参考になることを願って。

⌘

報告1　きくちゆみ

2018年3月12日から7泊8日で、私たち14名は、カリフォルニア州サンノゼで行なわれた「ハートマス研究所とRFIを訪ねるサンノゼツアー」に参集しました。参加者は、コネクション・プラクティスを学び実践する日本の仲間たちです。私と玄さんはハワイから、子ども3人を含む12名は日本からの参加でした。

目的は二つありました。

一つは、ハートマス研究所に滞在し、研修を受けること。もう一つは、ラスールファンデーションインターナショナル（RFI）本部を訪れ、コネプラの創始者リタ・マリー・ジョンソンに会い、トレーニングを受けること。これらを通して、私たちの知識と理解を深め、スキルを高めるという意図もありました。

このツアーの発案者は玄さんです。彼は2017年5月にハートマス研究所で行なわれた認定コースに参加し、必要なトレーニングと試験を受けて、日本人で2番目のハートマス認定トレーナーになっていました。それ以来、彼は一般社団法人ラスールジャパン（＊コネクション・プラクティスの認定トレーナーである「ラスール」を育成する目的で2017年1月に設立）で、ハートマス研究所の教えを日本語にして、ウェビナー（WEBセミナー）で会員向けに提供しています。

彼は、同研究所で研究員やスタッフが常にコヒーランスを実践している姿を目の当たりにして、感動しました。そこで、コネプラの仲間にも、あの場に実際に行ってコヒーランスの場のエネルギーを体験して欲しい、と願ったのです。

百聞は一見に如かず。私も玄さんから話を聞けば行くほど、ハートマス研究所を訪ねたくなってきたのでした。そこで、ツアーコーディネーターは、英語での旅行手配に慣れている私が担当することにしました。ホテルやホームステイの手配、交通手段の検討、ハートマス研究所やRＦＩでの研修の内容や価格の交渉など、一切合切をやりました。

特にハートマス研究所は日本からの団体客を受け入れるのは初体験で、準備をするに当たって数多くのチャレンジがありました。最大の難関は、一人の母親（えりちゃん）が子ども３人を連れて参加することでした。

私のカウンターパート（対応担当者）の同研究所研究員であるジェフは、子どもの受け入れもなんとかなると気軽に考えていたのですが、話を組織全体にあげたところ、非営利団体である研究所としては、子どもが来るような設計がされていないので滞在は難しい、と言われました。敷地内には池もあり危険があるために責任が持てない、と言うのです。このことでは同研究所の副代表がわざわざ私に電話をしてきてその懸念を伝え、理解と計画の変更を促してきたのです。

私は、えりちゃんからなぜ子どもたちをハートマス研究所に連れて行きたいかを直接聞いていたので、なんとか道はないか粘りました。危険があるなら、母親が研修中は子どもたちにチャイルドシッターをつけて、こちらが責任をとるから、なんとか一緒に参加できないか、と提案し続けたのです。

何回も交渉を重ね、何とか子ども同伴の提案は受け入れられました。けれども同時に、短い時間でチャイルドシッターを手配する必要に迫られました。私はカリフォルニアにいる日本人のツテを当たったのですが、日本語ができるチャイルドシッターを見つけることができませんでした。

最終的には研究員のジェフの知り合いのアメリカ人女性が子どもたち3人を見てくれることになり、ハートマス研究所の一件は解決できました。

以前の私でしたら、「今回は大人だけなの。ごめんね」と言って母親には子どもを連れてくることを諦めてもらっただろうと思います。子どもを受け入れることで増える仕事、それによって得られる経済的利益がないことなどを考えると、その選択もあったと思うのです。

他の参加者からは「私がコーディネーターだったら、最初から子どもの参加はお断りしたと思う」と言われました。確かに、ハートマス研究所から子どもの参加を考え直して欲しい、と言われた時、えりちゃんに「子どもの参加は無理です」と伝える選択もあったのですが、私はそうはしませんでした。

彼女が子どもを連れて参加したい理由は「子どもたちにコヒーランスの場を体験させたい、うちの子は将来リーダーになるから」ということでした。

では、私の理由は何だったのでしょうか？

洞察では「子どもを含めることが大事」と出てきました。

さらに自分のこころを探ると、ネイティブアメリカンのメディシンウーマンの顔が出てきたのです。すっかり忘れていましたが、２０年以上前に私が環境運動をしていた頃、ネイティブアメリカンのメディシンウーマンであるマリリン・ヤングバードにお会いしたことがありました。そのとき「ゆみが何かをやる時、そこに必ず3世代がいるようにしなさい。そうすれば教えが継承されます」と言われたのを思い出しました。

そうだ、私はそれがしたかったのだ！

教えの継承。これはコネプラが目指している、まさに「つながりのスキルを次世代へ」に通じます。

ラスールファンデーションインターナショナル、そしてラスールジャパンのミッションは、人びとの不要な苦しみをなくし、人生を豊かにすることです。そのためにコネクション・プラクティスを教える認定トレーナーを養成しています。このミッションを遂行することで「すべての人びとがつながりのスキルを実践し、この贈り物を手渡して行く世界」というビジョンを実現します。マリリンとの出会いが、いま、こうしてまた私の中で実を結びつつあることに感慨深い思いがしました。

「つながりのスキルを次世代へ」

今回のサンノゼツアーでは、まさにそれが実現しました。私たち１４名はまるで家族のように正直に話し合い、互いのニーズを満たすことを最後まで諦めませんでした。参加者それぞれがベストを尽くし、次々起こるハプニングに対応しました。私にとっては、そのことが最大のお祝いです。

⌘

報告2　市川恵梨子

カルフォルニアサンノゼから車を走らせること1時間弱。ボルダークリークの山の中に、ハートマス研究所はありました。

深い森の澄んだ空気と可愛らしい建物に、旅の疲れも一気にどこかへ飛んで行き、ワクワクとドキドキで胸がいっぱい。ゲストハウスの調度品のひとつひとつにも何かこころが込められているようで、独特の空気感でした。各々、部屋に分かれて荷物をおいたら、いよいよ講義です。

別の建物にあるセミナールームに集い、主任研究員のロリン博士からスライドなどを使って、ハートマス研究所のこれまでの研究について、特にコヒーランスがどのように周囲に影響を与えるのかについて学びました。私が一番興味深かったのは、コヒーランースが地球にどう影響を与えるかについてです。

結論から言うと、わたしたちの心臓から出る磁場と地球が発している磁場は、高いコヒーランス状態だとシンクロしているという事実。そしてその磁場はシンクロすればするほど、地球をぐるりと循環するということ。

わたしたちの肉体は、地球から生まれました。だから当然の結果といえば当然なのかもしれません。でも科学的な根拠を元にそれが明らかになったということ、そして情熱をもって語るロリン博士の思いがリンクして、私の頬は涙で濡れていました。

わたしは地球の子、母なる地球、母なる大地。それが実感を持ってわたしの中に流れ込んできた、そんな瞬間でした。

もう1つ、印象的な出来事を紹介します。アメリカ、サンノゼツアー4日目。

この日から2日間、ツアーメンバー全員で、一軒のお家をシェアして過ごしました。さっそく、8ベッドルームの部屋割りで問題発生。我が家の子どもたちが、それぞれどの部屋がいいかで揉めています。それぞれのニーズは、明るさ、居心地の良さ、清潔さ、プライバシーなど。

このツアーをコーディネートしてくださったゆみさんが、それぞれの話を共感的に聞いてくれます。そして、それぞれのニーズを並べて、そのどれもが満たされるようにするには、どうしたらいいいか、模索してくださいました。どのニーズも大事にしたい。その思いが溢れて、それを叶えようとするパワーの力強さを目の当たりにしました。

しかし、こうした出来事のひとつひとつに、私の中でふつふつと湧き上がってきた感情がありました。

それは、罪悪感。「ハートマス研究所、リタのトレーニング、そういった学びの場に子連れ(しかも3人も)連れてきて本当に良かったんだろうか」という不安。部屋割りでの子どもたちの態度や、自由すぎる発言、行動を見て、もうわたしの中で感情が限界に達していました。

その夜、泣きながらみんなの前で胸のうちを吐露しました。「罪悪感でいっぱい。申し訳ない気持ちです」と。でも、みんなの気持ちはわたしの想像をはるかに超えていました。

ひとりひとり、このことについて、どう思っているか話してもらうと、子どもと一緒にいることが喜びであったり、自由であったり、遊びであったり、ポジティブなニーズで満たされていました。

わたしが罪悪感と思っていたことは、みんなにとって喜びだった。

この事実は本当に素晴らしい大きな気づきでした。

物事は、見る角度によって本当に違って見える。そしてそれぞれが大事にしているニーズとつながっていることで、相手のニーズも、感情も愛おしく、大事にすることができる。まさにハートから出る感謝の磁場が平和を創る。それを実感した瞬間でした。

この変容はわたしにとって、本当に大きかったのです。

この出来事を、多くの子育てをしている人に伝えたい、その思いでいっぱいです。

どうか多くの親御さんが、子どもを育てるということに罪悪感を感じることなく、むしろ誇りを持って命を育てていく環境が整いますように、と願います。

そして、血縁でなくても共感的につながることができれば、居心地のいい安心した場所が作れることを、コネクション・プラクティスを通して実践してほしいと思います。

⌘

ラスールインタビュー　川口久美子（文責瀬戸まゆみ）

コネプラを学び始めた頃、洞察によって、「自分からひとつひとつの灯火が燃えひろがっていく様子が見えた」という久美子さんは、学び始めて、すぐにアメリカに渡り、ラスールになり、日本にコネプラを普及させる活動へと加わりました。

以来、日本各地で積極的にコース開催をし、まさに、学びの灯火をひとつひとつ手渡すように、活動されている久美子さんが、今回、サンノゼで、自身の洞察に合致した出来事があったということで、その体験をシェアしてくださいました。

今回のサンノゼツアーに参加したのは、大人11名20代~70代)、子ども3名(10歳、7歳、3歳の三姉妹)。14名の大所帯で、7泊8日の共同生活が行なわれました。

ひとりで3人のお子さんを連れてきたママが大変なのは、想像に容易《たやす》いですが、NVCを実践されているママなので、自分に余裕がないときは、お子さんに正直に「スペースが必要だから、今は、相手ができない」という旨のことを伝えていたのだそうです。

しかし、そうなると、十分に相手をしてもらえず、逆に頼られることも多い一番上のお子さんの、不満と嘆きはオーバーフロー寸前。口数も増え、周囲の大人たちにそれを漏らしていたそうです。コネプラの実践者でもある他の参加者たちは、共感的にそれを受け止め、それぞれが、無理のない範囲で、お子さんと関わりを続けていました。しかし、そのことに対して、お母さんは、「申し訳ない」という気持ちを抱いていました。

4日目、そのお母さんが、「子どもたちを連れて来て、みんなに迷惑をかけて、申し訳ない気持ちでいっぱいなんです」と、打ち明けたところ、久美子さんを含むみんなは、びっくり。

そこで、それぞれの参加者たちが、子どもたちがいることによって満たされたニーズについて、一人ずつ、お母さんに伝えていったのだそうです。「子どもと関わることで、純真さに触れられたこと」や「自身のインナーチャイルドが癒されたこと」など。そして、なによりも「ありがたいギフトだった」ことを伝えたところ、お母さんは、大号泣。

その時のことを、久美子さんは、「お母さんが、ひとりで全部なんとかしなきゃいけないとか、人に頼っちゃいけないってわけじゃないことに気づいてもらえた。もっと、こういう場があればいいと思った。子どもは関わってもらって喜ぶ、大人も関われる喜び、お母さんも面倒を見てもらえて喜ぶ、私たちは、みんな、喜びのエネルギーでまわっているのが見えた」と振り返ります。

そして、最後のチェックアウトの時、この小さな共同生活の中で過ごした10歳の子どもが、「私は、こんなに大人の人に話を聞いてもらったのは、産まれて初めてで、すごく嬉しかった。コヒーランスも今までは、できているかわからなかったけど、初めて、こころの底から感謝でいっぱいになるっていうのが、わかって、すごくうれしかった。私も、早く、みんなみたいに学びたい。早く大人になりたい。だから、私が、大人になるまで、死なないで待ってて!」と言ったのだそうです。

このとき、久美子さんは、「クラスの中で教えるのもそうだけど、こういう日常の中で、自分のニーズを諦めずに、周りのみんなも大事にして、思いやりを持ってやっていくっていうのを見せることで、次の世代につなげていけたのがお祝いであり、これこそが、本当の教育。自分の中の、灯火を渡して行くイメージだ」と感じたといいます。

今回、一行が訪れたハートマス研究所では、私たち人間のハート（心臓）の電磁波が、周囲にどういう影響を及ぼすのか、また、人間だけでなく、動物や、植物、岩などの鉱物、そして、地球が、その電磁波によって、互いにどう干渉し合っているのか、つまり、スピリチュアルワードとして捉えられている「ワンネス」を科学的に証明しようと日々研究を続けているのですが、そのゴールとして「人類の意識レベルを向上させること。それにより、真の世界平和を目指すこと」を掲げているのだといいます。

今回のこの旅に参加した、バックグラウンドも、得意分野も、考え方も違う１４名は、共同生活とコネプラの実践を通して、この「意識レベルの向上」を実践し、平和で、喜びに溢《あふ》れたつながりを作り出すことができるということを証明しました。

そして、きっと、ここで生まれた平和的なバイブレーションは、おそらく地球のあちらこちらにあたたかな波動となって伝わっていたのではないでしょうか。

ラスールジャパン・メルマガ『小さな集合体が実現した地球レベルの改革』より

第5章　コヒーランスの科学

私の夫であり、アメリカのハートマス研究所の認定講師でもある森田玄さんが、心臓神経学に基づいて、この章を書いてくれました。コヒーランスに関する科学的なデータを交えて書かれた画期的な内容です。

心臓脳

コネプラは豊かな経験、知識、実績をベースにした〝つながりのスキル〟ですが、科学的な裏付けがあることで、さらに信頼と確信を増しています。

コネプラの柱の一つであるコヒーランスの科学を学ぶ中で、最も驚きと感銘を受けたのが、人間には脳が二つあるという事実です。

一つは「頭脳」、そしてもう一つが「心臓脳」です。

「心臓脳」という言葉自体、ほとんどの人にとって初耳でしょう。グーグルで検索しても何も出てはきません。心臓脳という言葉が科学専門誌に紹介されたのは、比較的最近の１９９１年であることから、知らない人が多いのも当然のことでしょう。

心臓が単なる血液循環系のポンプに過ぎないと思っている科学者や医師がまだ大勢いるのです。もっとも自分もコネプラに出会うまでそう思っていました。実際、「心臓脳」という言葉にこころを揺さぶられてコネプラを学ぶ道に入ったという人も多くいます。そのくらい、頭脳が人間の最高器官であり、心臓を含めすべての身体機能を統轄《とうかつ》する司令塔だという考えが、いまだに主流を占めているのが現状です。心理学や精神医学の基礎になる脳科学が全盛を極めているのもうなづけます。

ところが、心臓の働きがこの20数年間の研究によって詳しく明らかにされ、頭脳中心の考え方（脳科学）を変えざるを得ないような事実が次々と発見されているのです。

脳／心臓の主従関係の逆転

（頭）脳の研究分野を脳神経学、あるいは脳科学と言いますが、それに対して、心臓を中心とした研究分野を心臓神経学（Neurocardiology）と言います。（この心臓神経学という名称をグーグル検索しても何も出てきません。）

脳と心臓は太い神経でつながっていますが、脳が心臓に送る情報量よりも心臓が脳に送る情報量が約100倍も多いことがすでに18世紀にわかっていました。つまり、従来考えられて来たように脳が心臓をコントロールしているのではなく、逆に心臓が脳をコントロールしていると言うのです。これは驚くべき事実（発見）ではないでしょうか？

その意味は、私たちの意識、思考、感情や行動など認知と言われる機能の概念を根底から覆《くつがえ》す可能性があるということです。従来の脳科学中心の科学観そのものをひっくり返すかもしれません。実際、心臓には頭脳と同じ神経細胞組織（ニューロン）があり、学習、記憶、決定などの能力を備えているだけでなく、幸福ホルモンとして知られるオキシトシンなどのホルモン分泌や身体中の自律神経系の調整機能もあることが明らかになっています。

つまり、心臓は人間のあらゆる機能の中枢器官なのです。

生命が母親の胎内で生まれるとき、最初にできるのが心臓であることはよく知られている事実です。心臓から一刻も休まずに送られる心拍リズムの情報を元に身体のあらゆる部分（脳も含めて）が作られて行くと考えられるのです。その事実からも心臓が身体全体の機能をコントロールする重要な器官であることが推測できます。

しかし、心臓神経学が実際に注目を集め始めたのはわずか20数年前のことなので、このような心臓の驚くような機能については、未だ科学界では一般に知られていないのが現状です。

感情を測る？

心臓機能の最も重要なファクターが心拍リズム、または心拍変動です。心臓は刻一刻休みなく働いて鼓動していますが、実はそれぞれの鼓動間のスピード（心拍数）は瞬間瞬間変化しており一定ではありません。次の図にあるように、各鼓動の間隔は常に早くなったり遅くなったりしているのです。

その心拍のスピードの変化を示す値は心拍変動、あるいは心拍リズムと呼ばれます。私たちの感情は個人的なもので、計測することは不可能とされてきましたが、それをハートマス研究所はエムウェーブという心拍変動をリアルタイムで計測する機器を開発することで可能にしました。

図2は、イライラというネガティブな感情（上段）と感謝というポジティブな感情（下段）の心拍変動（心拍リズムとも言う）グラフです。

図1　心拍データの2.5秒

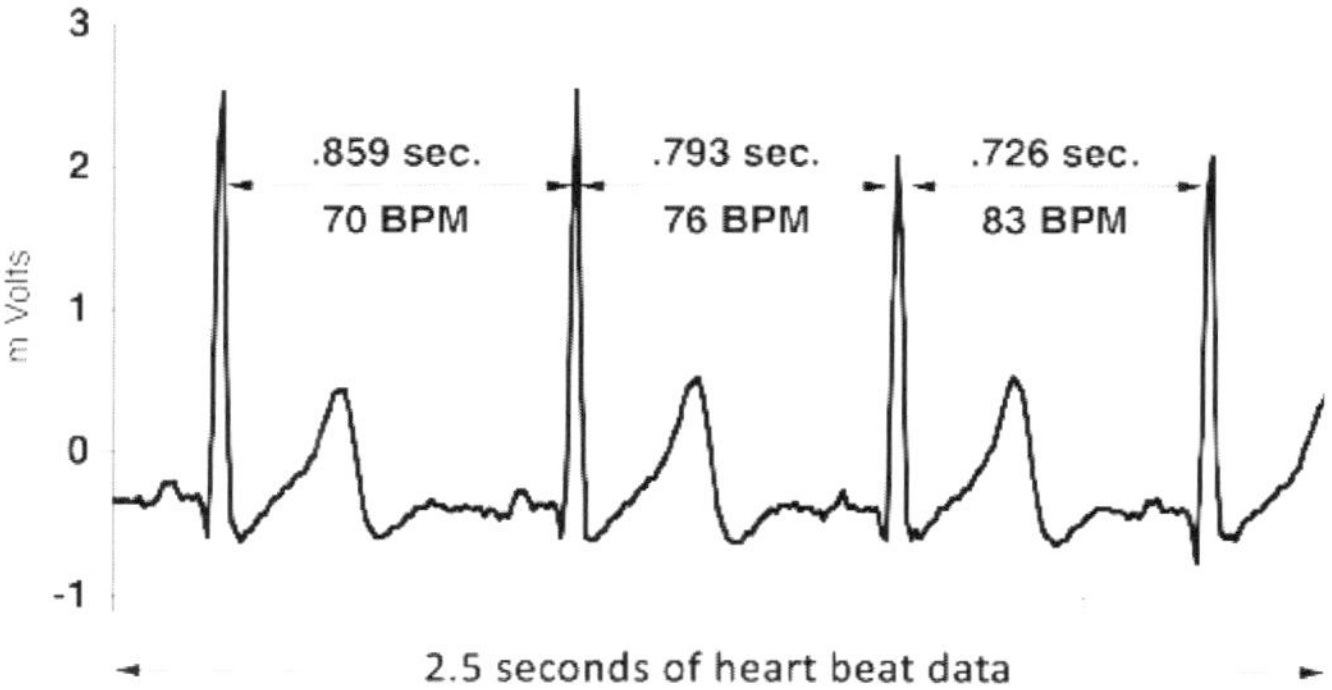

イライラしているときは心拍リズム（心拍変動）がギザギザなパターンになり、感謝しているときは滑らかな正弦波のパターンになります。そのような綺麗な曲線を描く状態をコヒーランス状態といいます。私たちのさまざまな感情は個々に特有のパターンを示すので、心拍リズムのパターンから感情を推測できます。

コヒーランスと脳機能

コネプラで言うコヒーランスとは、心臓と脳と感情がエネルギー的に調和、同期している状態のことです。身体の中で最強のリズムを絶えず刻んでいる心臓は、脳を含む他の器官をエネルギー的に引き込んでしまうので、心臓の状態、つまり心拍リズムが脳の機能を左右することになります。

図2　心拍リズム

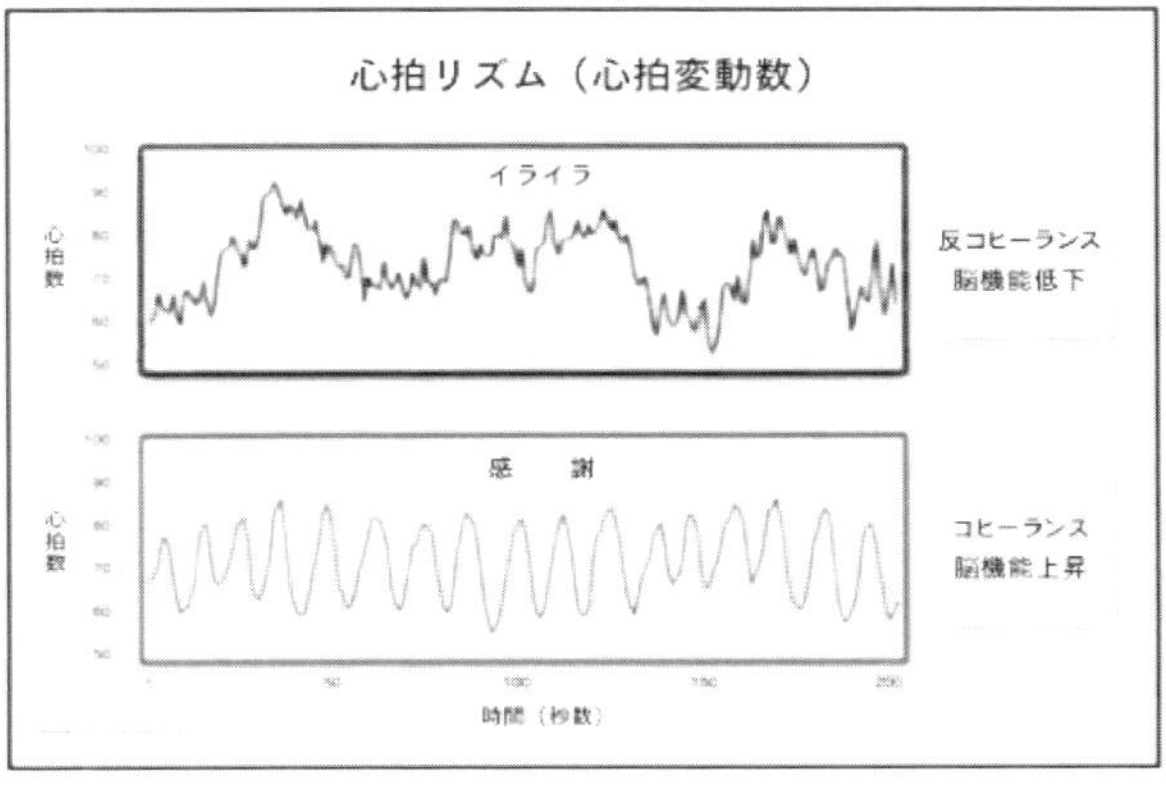

つまり、ストレスのあるネガティブな感情があると、心拍リズムパターンがギザギザの反コヒーランスになり、それに対応する心臓から脳に送られる神経信号が認知機能を低下させます。これが明瞭に考え、記憶し、学習し、理論付け、効果的な判断をする能力を低下させるのです。

それとは対照的に、感謝といったポジティブな感情による安定した心臓から脳へのコヒーランスな信号は、脳の認知機能を高めます。

図3のグラフは、アメリカの高校で行ったコヒーランステクニックのテスト結果です。数学とリーディング（国語）テストの成績結果の比較ですが、明らかに20%程度の差が示されています。

図3　高校上級生たちのテスト合格率
ハートマスグループ対地区平均

ミネソタ基礎標準テストの成績に
コヒーランスが効果を示した。

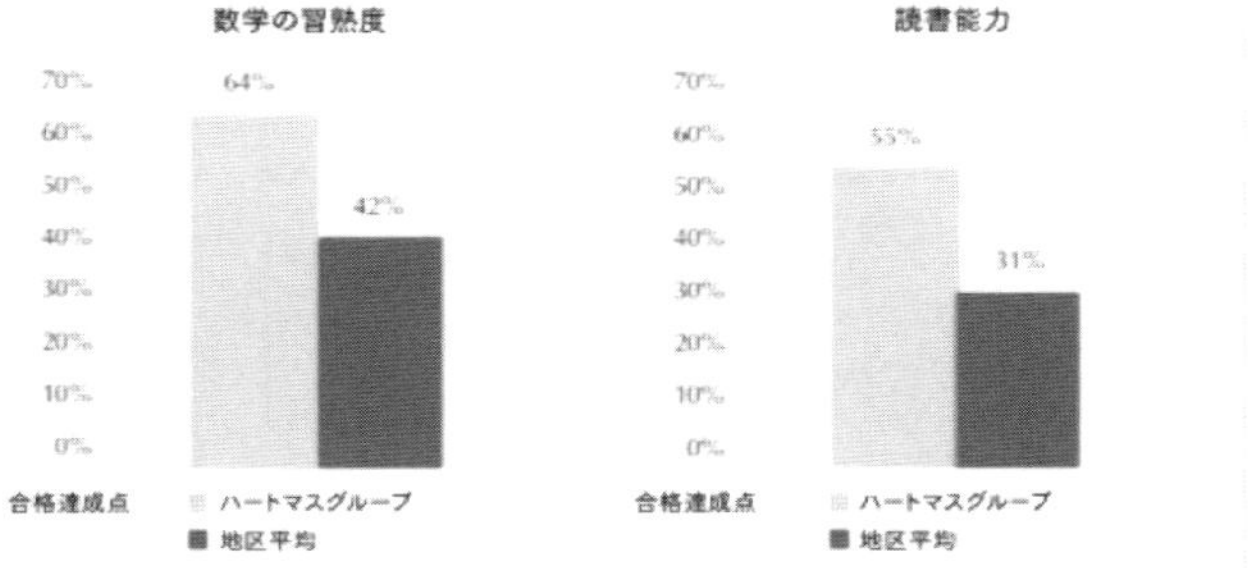

コヒーランスによるストレス緩和効果

脳機能が向上することは、もちろん、あらゆる人間活動のパフォーマンスを向上することを意味します。

鬱、発達障害、トラウマ、PTSDなどの精神的疾患は社会的にも大きな問題になっていますが、コヒーランスは脳の感情プロセスに大きな影響を与えることが明らかになっているのです。

私たちの感情的記憶が様々な要因でトリガー（刺激）され、その結果暴力的反応が起こります。（トリガーとは、物事を引き起こすきっかけとなるもののこと）

脳の感情プロセスで決定的な位置を占めているのが、扁桃体というわずか直径1・5センチほどの小さな脳器官ですが、それが過剰反応することが主な原因です。言い換えると、扁桃体の機能低下が問題なのです。心臓神経学は、その扁桃体と心臓が神経系で直接つながっていることを示しています。つまり、心臓が扁桃体をコントロールしていることになるのです。

したがって、ポジティブな感情を持つことで心臓がコヒーランス状態になると、その信号が扁桃体機能を安定にするので、過剰反応がなくなり、その結果過去のトラウマ的感情反応がなくなり、トリガーされなくなるのです。

ストレスは、感情の自己コントロールができないことが最大の要因であるから、コヒーランスはストレス緩和スキルでもあるのです。実際、コヒーランステクニックを導入したアメリカとコスタリカの学校では、いじめが減り、クラスの雰囲気が平和になり、さらに生徒たちの成績が向上したと言う報告があります。

また、コヒーランステクニックとエムウェーブを組み合わせたプログラムがＡＤＨＤなどの発達障害の子どもたちに応用され、驚くような効果が報告されています。

マインドフルネスとハートフルネス

さまざまなストレスで混乱し、不安や恐れでいっぱいになっているこころや精神に落ち着きと平和をもたらす手段に、メディテーションによるマインドフルネスが有効であることが知られています。

確かに、マインドフルネスでこころは平和で落ち着きを取り戻すことができます。ただし、そのようなメディテーションは自律神経出力を全体的に下げ、副交感神経のバランスを増大させることになります。いわば脳神経を眠らせエネルギーを下げることになるので、結果として脳機能を低下させる結果になる傾向があるのです。

図４は、安息時のリラクゼーション状態（上段）と感謝によるコヒーランス状態（下段）の

心拍変動グラフであす。左側の心拍リズムパターンのパワースペクトラム密度が右側に示しています。リラックスしているときは、エネルギーが分散していますが、コヒーランス状態だとエネルギーが自然共鳴振動数（０・１Hz）に集中し、しかもそのエネルギーはリラクゼーションの５倍以上（６９０対１３０）になっているのがわかります。

メディテーションなどによるマインドフルネスは、副交感神経の出力を高めることでこころを落ち着かせることができますが、総体的エネルギーを低下させるために、機能的にはパフォーマンス能力は落ちるのです。

一方、コヒーランス状態は、落ち着きや安心感をもたらす効果は同じですが、エネルギーを高めるという大きな違いがあります。つまり、

図４

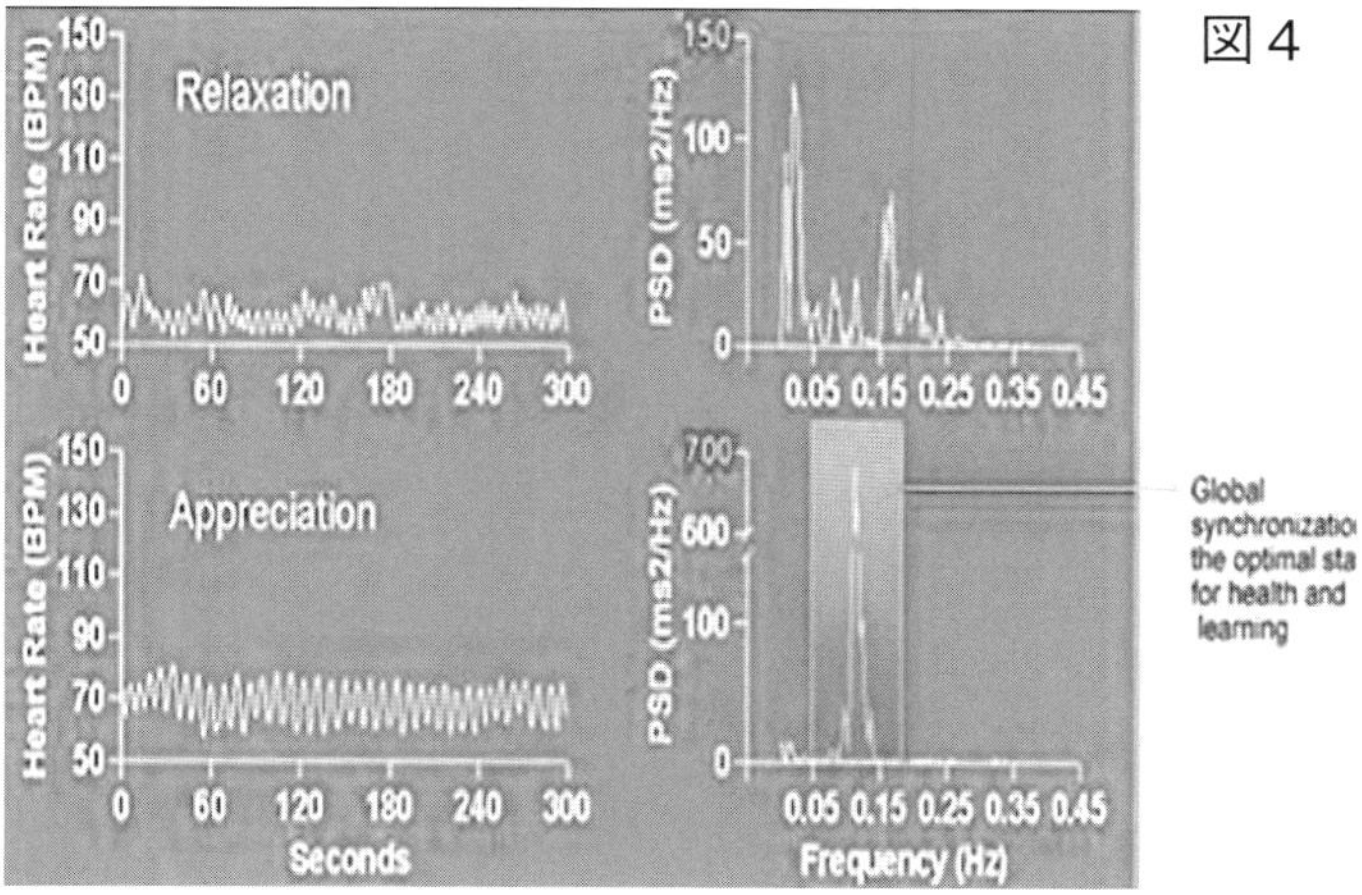

身体機能は休んでいるのではなく、むしろダイナミックに活性化している状態になるのです。

例えば、試験の前にコヒーランスしておくと、脳機能が最高に高まり、しかも冷静でいるため、結果として思いがけないような高得点が得られます。(すでに学校でのコヒーランス効果が実証されています)。

また、激しい運動の最中であっても、コヒーランスを保つ訓練によって、生理学的、精神的にベストのコンディションを保つことが可能になるので、多くのプロスポーツ選手やオリンピック選手がコヒーランステクニックを利用しています。

コヒーランスと洞察の開発

コネプラを学ぶ中で特に感動的な体験は、コヒーランスから導かれる洞察(直観/インスピレーション)でしょう。普通では考えや想像も及ばない"答え"がこころに浮かぶ経験は誰でも持っています。まさにこころからのメッセージと呼べるその答えが、求めていた答えであることを私たちは「直観的」に知ります。ハートマス研究所は、それを「ハート知性」と呼んでいます。

昔から「答えはハートに聞け」と言われていることは誰でも知っています。何か深刻な問題が起こると私たちは無意識に胸に手をやります。頭に手をやるのは、なんとか難題を解こうとするときです。洞察や直観はハート知性にアクセスすることでもたらされると考えられます。

洞察や直観が実際どこから来るのか、科学は今やっとその手がかりを得たばかりですが、その分野の最先端はハートマス研究所が担っています。

心臓には脳と変わらない「心臓脳」があることを前述しましたが、実は心臓が“脳を超える深遠なる叡智であるハート知性”への窓口（ポータル）らしいことがハートマス研究所の研究で示されています。そして、心臓をコヒーランス状態にする、つまり心拍リズムをスムースな正弦波（サインカーブ）パターンにすると、洞察や直観がよりスムースにもたらされることがわかっています。

洞察や直観は全く個人的な経験であって、どのような形や方法で洞察が訪れてくるかは一概に言えませんが、一般的には、言葉やイメージ、音、色などで“来る”ことが多いのです。中には臭いというケースもあります。要するに千差万別です。

マインド（脳）の知恵や知識にアクセスするのとハート（ハート知性）にアクセスするのとで決定的に違うと思われる点は、ハートにアクセスすることで導かれる答えやメッセージにはいつでも愛や思いやりといったポジティブなエネルギーに満ち溢れていることです。

もし、ハートからネガティブなニュアンスの答えが来たら、それは洞察ではなく、マインド（思考）が介入して来たと疑っていいでしょう。

シンクロ効果

コヒーランスがもたらす不思議な現象にシンクロ（共時性）効果がある。これはもちろん科学的には仮説の範囲になるのですが、コヒーランスのハート（心臓）がハート知性と呼ばれる未知の叡智につながるポータル（入り口）と考えられることは述べました。実は最先端科学の量子物理学では、これをクオンタム情報（Quantum Information）と呼んでいます。そこは日常の時間や空間を超えた超時空次元が存在すると考えられています。コヒーランス状態はどうやら時空を超えた次元とアクセスすることを可能にするようです。

実際、コヒーランス状態を保っていると常識では考えられないような出来事が起こることが、たくさんのコネプラ実践者たちから報告されています。洞察や直感だけでなく、出来事（現象）も同時に起きて来るのです。それも必ずと言っていいほど、予期せぬ嬉しい出来事なのです。

グループコヒーランスとグローバルコヒーランス

心臓の心拍（変動）が脳や身体全体、そして感情や精神に与える影響は、個人だけにとどまりません。心臓から発信される電磁気エネルギーは、身体だけでなく、周囲にも広がっています。それは磁気メーターで体から９０センチまで測定できます。

常に体の中で最も強力なリズムを刻んでいる心臓は、生体発振器であり、身体の周囲に図のような電磁場を構成しています。個人の心拍リズムはこの電磁場を介して周囲に伝わって行くと考えられています。イライラの心拍リズム（反コヒーランス）は本人だけでなく、周りの人にもエネルギー的に影響するのです。逆に、コヒーランスの調和したエネルギーは周囲に伝わり、何もしなくても周りをコヒーランス状態にすることができます。

そのようなコヒーランス効果をグループコヒーランスといいますが、以下はその例です。

私ときくちゆみが日本時間の毎朝6時（ハワイ時間11時）にフェイスブックでライブ放送している「モーニングコヒーランス」には、日本全国、そして海外からも多くの方に参加していただいています。参加者全員が同時にコヒーランスすることで、海を越えて、そのエネルギ

図5　ハートの電磁場

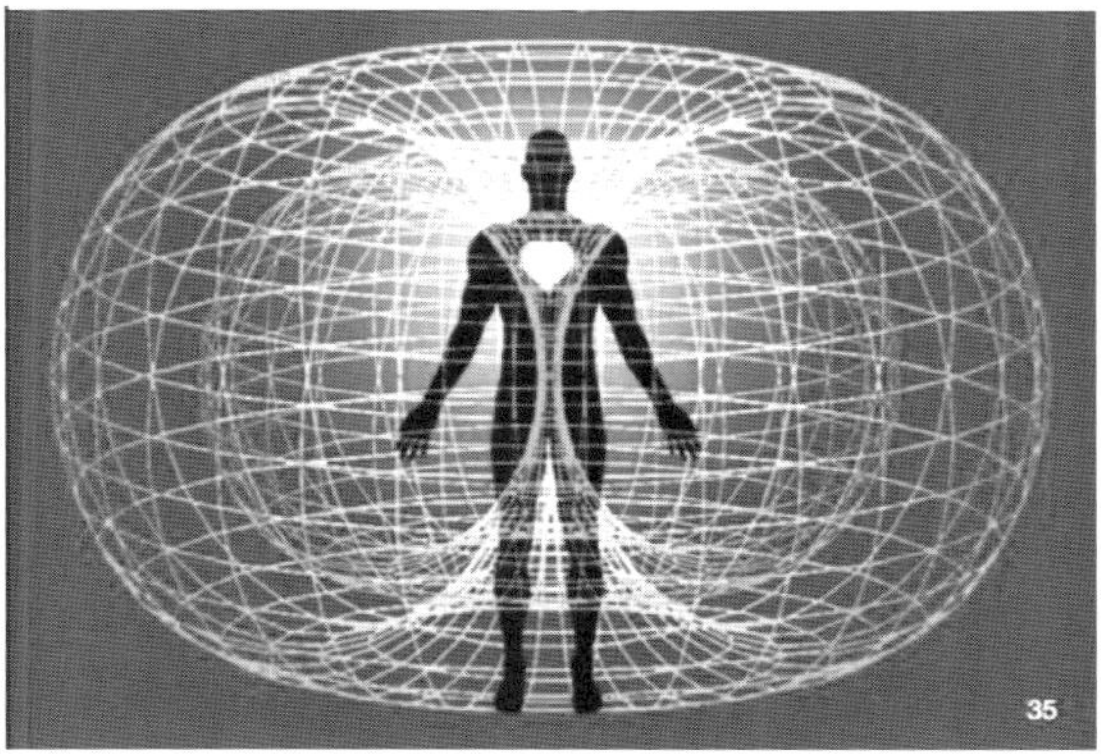

ーが共鳴同期し、相乗効果で増幅してそれぞれの参加者に戻ってくるようです。実際、パワーが増した、身体の具合が良くなった、精神的に不安や心配がなくなった、家族が平和になった、仕事が捗るようになった、などのうれしいコメントが寄せられています。

ハートマス研究所の研究の一つに、地球の磁場が人類に与える影響があります。現代世界のあらゆるレベルの混乱は、地球磁場の変容と関連があることがデータで示されています。だからこそ、私たち一人ひとりがコヒーランスになることで、集合的なグローバルコヒーランスを達成し、地球磁場をよりコヒーランスにして、世界平和をもたらそうという取り組みなのです。

まさに世界平和は私たち個人のハートから始まります。

第6章　ラスールの物語

ラスールの物語（ＲＦＩの２０１９年改定のホームページより抜粋）

昔々ある日のこと、コスタリカのキズール村の子どもたちが忽然と消えてしまいました。ラスールという名の若い教師が子どもたちを山に呼び込んで、子どもたちのこころに隠されている宝物である共感と洞察について教えていたのです。ラスールは、子どもたちにこれらの生来の強み（共感と洞察）を使って自分たちの内面とつながり、他の人たちとの関係を豊かにし、自然を大切にすることを教えたのです。

子どもたちがいなくなったのを知った親たちは、彼らの名前を呼びながら、近隣をくまなく探します。山の中から歌声が聞こえたので、その山への入り口を探しました。しかし見つけられません。その代わりに、時を超越した瞬間が訪れ、彼らの苦しい記憶が消され、彼らの良心が呼び覚まされました。

その日が終わると、子どもたちは喜びいっぱいに輝いて現れました。そして彼らがラスールから学んだ「共感＋洞察＝つながり」について、親たちに話しました。大人たちは、子どもたちが安全で、この不思議な教室でとても素晴らしい体験をしていることを知って、すっかり安心しました。親たちは、彼らの息子や娘が毎日山に戻ることを許し、夕方には山から戻ってきた子どもたちから学んだことを聞きました。

やがて、村人たちの共感が村により調和をもたらしました。今や人々は手を組んで歩き、木の下に座って互いの話を聞いています。洞察は創造力の波を押し寄せ、画家たちは素晴らしい山の景色を描き、音楽家は息を呑むような交響曲を奏でています。若者たちはまるで芸術作品のような畑で野菜を育て、女性たちは生命の美しさに溢れた織物を編みます。

1週間が経つと、ラスールは「世界のほかの子どもたちにも教えるために、もう行かなくてはならない」と子どもたちに告げます。子どもたちは泣いて「いやだ、行かないで」と言います。しかしラスールは「心配しなくて大丈夫。私がいなくて寂しくなったら、君たちのハートに耳を傾ければいいんだよ。そこに私がいるのがわかるだろう。愛する誰もがそこにいるようにね」と答えました。

ついに子どもたちは山から降りてきて、親たちにラスールが旅立ったことを伝えます。そして親たちは、この訪問の意味について話し始めました。

ある人が「そうだ、空の稲妻に指図する前に、私たちはまず私たち自身のこころにある嵐を鎮める必要がある」と言いました。他の村人たちが、その通り、と同意しました。　彼らはつながり続ける方法を学び、このスキルを次の世代へと渡し続けたのでした。

この物語は、つながりのパワーについて話しています。現代の生活はこのような理想的な村とは程遠いですが、つながりは健全な社会のための最も重要な基盤であることを示しています。もしも人々がつながりのスキルについて学んだなら、不必要な苦しみなしにチャレンジを克服でき、私たちの強みを使って生き生きとした暮らしができるでしょう。

今、これが可能になりました。

リタ・マリー・ジョンソンは、共感を洞察によって日々の生活により調和と創造性をもたらすコネクション・プラクティスを開発しました。

自己共感と相手への共感は、感情とニーズを特定することでもたらされます。

洞察は、ハート・脳コヒーランスと呼ばれる生理学的な状態からアクセスできます。

私たちには、希望を取り戻す解決法が必要です。

コネクション・プラクティスはそれを可能にするセルフ・エンパワメントのスキルです。

どうやって？

empathy + insight = connection

共感＋洞察＝つながり

コネクション・プラクティスについてもっと知りたい方は、日米のホームページをご覧ください。

Rasur Foundation International: https://connectionpractice.org/

一般社団法人　ラスールジャパン：http://rasurjapan.com

第7章　コネクション・プラクティス実践者から

心が穏やかで平和になり、前向きでいられるツール　吉田尚子

２０１５年、ゆみさんが日本でコネクション・プラクティスのリトリート（合宿）を開催すると聞いて申し込みました。ところが、参加の一週間前に骨折をして、一カ月の入院となりました。さらに、創設者リタの大阪でのリトリートにファシリテーターとして参加する予定だったのですが、移動の前日に再び骨折するなど、何かが私にコネクション・プラクティスを諦めさせようとしているのかと思うようなことに、度々遭遇しました。

それでも、私がコネクション・プラクティスに強く惹かれたのは、学んでいく過程で起こったある出来事があります。

コース受講時に、一日に何度もコヒーランスをしていたら、突然「私は腹を立てて生きてきた」という洞察が出てきたのです。なんでもない時に、突然そんな洞察が降りてきました。素直に、降りてきたという感覚でした。

そして、それは私にとってとても納得のできるものでした。誰かに腹を立てているわけではありません。ただ思い起こせば、子どもの頃に両親に、特に母親に腹を立てていました。

18歳で家を出て一人暮らしを始め、結婚し、すでに両親とも亡くなりました。何か決定的な喧嘩をしたわけでもありません。たぶん周りの人から見れば、仲のいい親子に見えたと思います。しかし、ずっと身体の中で誰に対してでもなく、チロチロと焚き火の燃えさしの熾《おき》のように腹を立てている感覚を持ち続けていたのです。全く自分では意識をしていなかったけれど、洞察を得て自分自身を振り返ってみて、そんな自分に気がつきました。

まるで洞察というものに、人格があって、「もう腹を立てなくていいよ」と言われているようでした。

涙が出ました。心が穏やかになりました。そう、心が平和になりました。リタが言うように、コネクション・プラクティスは心が平和になるツールだということを実感しました。そして、みんなに届けたいという気持ちが強くなっていきました。

また、コネクション・プラクティスを学び始めて、思わぬ副産物がありました。私はワークショップを開催しているのですが、参加者の前に立ってファシリテーションをするときの自分自身の在り方が変わりました。

頭ではわかっていてもなかなかできてはいなかった、ありのままの自分で参加者の前に立っている自分に気がつきました。ある緊張感から解放された感じです。

自分をよく見せなくてはいけない、ワークショップをうまく運ばなくてはならない。そんなことに無意識的に縛られていた自分が、参加者と共にあること、参加者の学びが最大限になるために自分はどうあるか、ということにフォーカスしているようになりました。すると嫌な緊張感が減り、場を信頼する安心感が高まりました。

私にとって、コネクション・プラクティスはすでに日々の習慣です。いろいろなことが起こりますが、コヒーランスをすることで、レジリエンス（回復力）が高まり、自分を大切にして前向きでいれる自分がいます。

60代女性　ラスール。産業カウンセラー。コーチ。個人セッションでも活用。

⌘

さまざまな平和教育の手法を学んできたが、コネプラが一番有効だ　野沢綾子

ホリスティック教育（ものごとを全体的にとらえるホリスティックな見方に基づく教育）を研究・実践してきた私がコネクション・プラクティス（以下コネプラ）と出会ったのは、2015年夏ホリスティック教育学会会場の隣で行なわれていたきくちゆみさんと森田玄さんの京都の講座だった。もともと学びの探求につながるきっかけとなったのは、高校受験で魂が萎縮するような思いで受験勉強をしながら、「これは本当の学びじゃない。学びは他にあるはずだ」

という想いからだった。あんな想いをして学んでほしくない。本当の自分につながる学びってどういうこと？　という疑問が、結局ライフワークとなった。

２０１７年１２月北海道の雪原を見ながらの洞察で、受験勉強の際中に響いてきた、「心の声を聞け」の言葉を言い聞かせるようにして、日記に書いて心の支えにしていた記憶が蘇ってきた。「これって、コネクション・プラクティスじゃん！」と電光に打たれたかのような衝撃。その声がこうして私の人生を支えてきてくれたこと、その声を聴きながら様々な選択をしてここまで来られた事に感謝の涙が流れた。まるでコネプラにかかわる未来を予見していたかのハートの声。今の方向性はこれでいいという確証となり、このメッセージを伝えるコネプラの種まきの原動力となっている。

２０１6年、コネプラの創始者リタ・マリー・ジョンソンの下、米国で認定ラスールとなり、２０１７年1月に活動の拠点がアメリカから広島に移った。それから1年間で、広島市中心にのべ約９０名（共同開催含む）、国内外（アジア、北米、中東、北アフリカ）の教育者約１９０人に、入門講座・コース開催、国内外のホリスティック教育学会での発表や平和教育を学ぶオリアンダーイニシアティブのプログラムなどを通じて、コネプラを伝えた。

3月にはホリスティック教育研究の論文「つながりのスキル『コネクション・プラクティス』―コスタリカ、アメリカ、日本における共感・洞察を用いた教育の取り組み―」をまとめた。ラスールの仲間が千葉県柏市の教員研修（2016年）で、翌2017年には更に同市の主任層の教員研修で導入したのである。また広島で基礎講座を受けた公立中学校の先生が、約150人の英語の授業にコネプラを取り入れ、1月新英語研究会中四国ブロック研究集会の際にその様子を紹介した。私も2017年に引き続き、2018年も神戸親和女子大学大学院でのホリスティック教育特論の講座の一環としてコネプラを教えさせて頂けた。

2018年にかけては更にさまざまな大学（教育・保育関連、商学部ホスピタリティ・マネジメント学科）を始め、保育園などの保育・教育機関や日本ホリスティック医学協会や統合医療研究会からもお声がかかり、引き続き国際学会の講演や発表などでも紹介し続けられる機会を頂いている。

コネプラを子どもに伝えるための新・教育課程トレーニングが7月に再開されると、次世代に手渡したいという思いの仲間たちが全国各地で次から次へと講座をリクエストして下さった。半年で50名近くの熱い思いが、コネプラの子ども向けの教材を実際に教えていくシュミレーションを通し、お互いに活発な意見や、実践のアイデアを学び合いながら、今にも炸裂しそうな勢いである。4時間の講座では収まり切れず、現職の先生が中心となって「コネプラを子どもたちに伝えるための情報や実践を共有するサポート・グループ」が始まり、実践の様子をお互いに共有する場がオンライン上で誕生した。11月18日には、京都の受講者が中心となって、「ハートでつながる！ 親子で学ぶ共感コミュニケーション〜コネクション・プラクティス」が幕開けとなり、2019年にはコネクション・プラクティスの子ども対象のシリーズがいよいよ始動する。教育課程ですばらしいスキルを披露しながらの熱心なプレゼンに触発されたり、皆でお腹を抱えて大笑いしている様子を見て、日本各地の学びの場でこの仲間たちを通して、この大事なスキルが子どもたちに手渡され、本当に広がっていくのだと思うと、希望と感謝で胸がいっぱいになる。

広島でコネプラを受講する参加者には、長年平和教育に携わっている方も多く、「さまざまな平和教育の手法を学んできたが、コネプラが一番有効だ」と平和教育地球キャンペーン中四国支部事務局スタッフの方からお言葉を頂いた。戦争の悲惨さ、被爆地としての悲劇、それを繰り返さないための教訓を伝えてきた平和教育も、受け取る子どもによっては、重さや苦しみを感じ、もういいという反応があるという。それでも日常に起こるケンカや暴力をいかに解決するか、感情とニーズを知り、つながりを取り戻し、解決に導く手法としてコネプラを学ぶことは平和を築くアプローチとして、平和教育の礎になる。

過去に広島で海外・国内の高校生のインターナショナル・キャンプを企画・運営したり、世界各国の学校やコミュニティで折鶴で「禎子」の話を伝えたり、平和ウォークをしたり、広島や平和への思いには強いものがある。半生となった海外での異文化での共生体験や、国際理解教育や地球市民教育、つながりの教育と言われる「ホリスティック教育」からも、原点に平和への願いがある。「コネプラが広島で文化となり、平和を築く文化が広島から世界に広がる」という想いは、12月22日第二回広島グローバル・コヒーランスにつながり、世界とつながる。

国内外でコネプラに出会った人びとが、深く変容し、自ら解決していく様子は、神々しくて畏敬の念を感じる。真実の智慧は過去も未来もなく、時空を超える。自分の本来持っている力に目覚めて、軽やかにしなやかに生きる。そんな本当の自分につながる学びがどんどん日本でそして世界で広がっている事に大きな希望を感じ、喜びではち切れそうだ。10歳の時、文集の「将来の夢」に「心温まる仕事」をすると書いて、先生を慌てさせた自分も、そんな叡智につながっていたのだろうか。

50代女性　ラスール。コネプラ教育課程講師。教育学博士（ホリスティック教育）

⌘

連絡の途絶えた友との再会　中澤貴美子

私がコネクション・プラクティスの本物さに触れたのは、初めて基礎コースを受講したときでした。

私には高校の同級生で、予備校、大学、社会人と、苦楽を共にした15年来の友だちがいました。ところがある時期を境に、メールにも電話にも返事がなくなり、会えなくなってしまいました。突然のことで、私は戸惑い、心配し、何か悪いことをしただろうかと不安になりました。コネプラの基礎コースを受講した時には、それから2年経っていましたが、彼女とのことは解決できておらず、寂しさ、苛立ち、悲しみ、疑わしさ、怒りが募っていました。

コースの中で、つながりの道というプロセスを行なう際、初めて彼女の感情を推測してみると、申し訳ない、悲しみ、圧倒されて一杯いっぱいな感じがしました。彼女が大事にしていることは、余裕、誠実さ、ありのままを受け入れてもらうことかなと推測しました。つながりの道を実際に歩く前に、机上で彼女に対するリクエスを考えましたが、出てくるのは「返事を返してほしい」だけでした。返事をしたくない人に、返事をちょうだいよ！　と言っても状況はこれまでと変わりません。

途方にくれていると、講師の方が「つながりの道を歩いたら何か出てくるから、リクエストは今決めなくてもいい」と言ってくれたので、リクエストは決めずに、道を歩き始めました。プロセスを進める中で、彼女がしてくれたことで感謝できることでハートを満たすという場面がありました。その際に、彼女は私と付き合う中でいつもありのままの私を受け止めてくれていたなと彼女への感謝が溢れてきました。そして最後に出したリクエストは、「これからも友だちだと思っていていいですか？」でした。道を歩き終わった後は、ネガティブな感情は消え、彼女への愛と感謝で満たされていました。

それから二カ月後、地元の空港にいた時に、彼女とばったり再会したのです。私はただただうれしくて、彼女に抱きつきました。そしてフライトまでの2時間、彼女と楽しく話をすることができました。つながりの道のプロセスを通して、私のネガティブな思いが愛と感謝に変わったことで、彼女との再会を心から喜ぶことができ、また彼女にもそれが伝わったから、以前のように接してくれたんだなと思いました。住む場所が離れているので、会う機会はありませんが、今でも大事な友たちです。

2016年11月に出産後、産後うつになり、とても苦しい思いをしました。わけもわからず押し寄せる強い不安感、心配、恐怖、と同時に拒食症になり、食べられないことへの不安、やせていく恐怖、母乳がでなくなることへの心配、赤ちゃんが生まれても自分のことばかり考えていることへの怒り、赤ちゃんへの申し訳なさ、などなどネガティブな感情が後から後から押し寄せました。夜は眠れず、つねに喉がカラカラの状態で、水ばかり飲んでいました。家族以外の人と接することもできず、部屋にこもっていました。

絶望の中でも朝目覚めた時は、比較的心が軽く、コヒーランスをするようにしていました。あるとき個人セッションを受ける、という洞察を得て、コネプラ仲間のセッションを受けました。

セッションの中で、怖くて受け止めきれなかった前述のネガティブな感情をすべて受け止めることができ、ようやく自己共感ができました。すると、それまでわからなかった赤ちゃんに対する私の深い愛とつながり、うれしくて涙が出ました。そして赤ちゃんからの純粋な愛も強く感じ、感謝でいっぱいでした。

また、拒食症に関しても、10歳の時にのどを詰まらせて死にそうになった恐怖がトラウマとして心に深く残っていて、当時の幼く傷ついて怯《おび》えている小さな私に共感することで、その子を癒していきました。すると、食べる恐怖は次第に消えていきました。

またある日のコヒーランスで、「白いイルカが笑って私を待っていて、きれいな青い海からジャンプしてこっちを見ている」というビジョンが見えました。イルカは、「外の世界は楽しいことがたくさんあるよ！　おいでよ！」と言っていました。そのメッセージは私にとても前向きなエネルギーを与えてくれ、その日から赤ちゃんを連れて１人で外出できるようになりました。

私は日々のコヒーランスのおかげで、直感に従った行動ができるようになり、同時にエネルギーも高まって食欲も元通りになり、基礎体温もあがり、心も穏やかになり、心身ともに健やかさを取り戻すことができました。

自己共感とコヒーランスによって、改めて深く自分とつながり、ありのままの自分で進むべき道へと着実に歩みを進めることができています。

３０代女性　ラスール。種子島で子育てと自分育てにコネプラを活用中。

⌘

発達障がいの孫とのつながりに希望が見えてきた　西村隆志

私は、現在、取得している国家資格キャリアコンサルタントのスキルアップになるのではと思い、２０１７年5月からコネクション・プラクティスを学んでいます。

コネクション・プラクティスを学ぶうちに、自然と、身近なところから手がけてみようと思い、まずは、一番の身近な課題である妻に対して少しずつ実践するようになりました。すると、妻とのコミュニケーションにも変化が生まれてきて、これからも一緒に暮らしていけると思えるようになりました。

そんな中で、私の孫Kちゃん（6歳、男の子）との〝つながり〟に希望が見えてきた出来事について述べさせていただきます。

Kちゃんは私の長男の息子です。仕事の関係で遠方に住んでおり、年に2、3回帰省します。Kちゃんには発達障害があり、2~3歳の子がそのまま6歳になったような状態で、突然大声を発したり物を投げたりします。興味のあることに対しては、抜群の記憶力を示します。

また、私たちには理解できない〝こだわり〟を持っているようで、思いもかけない言動や反応に困惑することがしばしばです。その例として、帰省するといつも、ペットの子犬に対して、ぬいぐるみを振り回して笑いながら追い回します。犬は怖がり震えて逃げ回ります。周りの大人は叱ったり諫《いさ》めたりしますが止めようとしません。

私はコネクション・プラクティスを学ぶことで、そのスキルがより効率よく、いつでも他者との〝つながり〟を取り戻すことができるものであることを知り、この年末年始に帰省する機会にKちゃんとの〝つながり〟に実践してみることにしました。帰省する前に、つながりのプロセスデイリーワークブックを使い、共感と洞察を行ないました。洞察では、物を投げつけるKちゃんのハートの部分がピンクに近い赤色に光って見えました。そして「目先のことより、その本質に触れなさい」と聞こえてきました。

そして、Kちゃんが帰省してきました。お決まりのようにまた子犬を追い回し始め、周りに大人が注意しても止めようとしません。

そこでKちゃんにこんなふうに声をかけてみました。「今、どんな気持ち、楽しい？」。すると、手を止めて「うん」と応えました。

「おじいちゃんは悲しいんだ」と言うと、「なんで？」と聞いてきました。

「それはね、ワンちゃんが怖がっているから止めてほしいなぁと言っているのに止めないから。Kちゃんが楽しいと言ってワンちゃんを追いかけると、おじいちゃんはどんどん悲しくなる」と言ったら、Kちゃんは不思議そうな顔をして追い回すのをやめました。

私はこの時、今回のハート／脳洞察の効果に手応えを感じました。

翌日、2月に出産を迎えた姪夫婦が遊びにきました。大人たちがテーブルを囲んで、生まれてくる子どもの名前の候補を面白おかしく言い合って盛り上がっていたところ、下の絨毯《じゅうたん》で遊んでいたKちゃんが突然、「うるさーい！　うるさい！　うるさい！」と大声で叫びだしました。母親が制止すると、持っていたフィギュアを投げつけました。

そこで私は昨日の確信から、Kちゃんに「うるさーいってどんな気持ち、イライラしてる?」と声をかけて近くに呼び寄せました。もう一度聞くと「うん」と頷きます。

「どの辺がイライラした? この辺?」と言ってKちゃんの心臓の辺りをなでると、大きく頷きます。「みんなの話していることが分からなくて『うるさーい』って言ったのかな?」と聞くと「そう」と応えます。

「じゃぁ、一緒にお話したかったんだね」と言うと「うん」と応えます。「さみしかったんだね」と言うと、Kちゃんは「うん」と応えます。

「今ね、赤ちゃんの名前をみんなで考えてたんだ。Kちゃんも考えてくれる?」と言うと、Kちゃんは「うん」と言って、嬉しそうに母親のそばに行きます。

何か言葉を交わしたかと思ったら、母親からメモ紙とボールペンをもらい、みんなが話している赤ちゃんの名前を書き出しました。聞き取れなかったりしたら「今、なんて言った?」と聞いてメモをとります。Kちゃんも時々赤ちゃんの名前を言ったりして話の輪に入ります。

私は、その様子を見て、コネクション・プラクティスを学んでいて良かったと痛感しました。特にKちゃんのような発達障害の子どもは心がピュアなので、シンプルに感情とニーズにつながることがいいのではないかと感じました。

感情とニーズ、共感、ハート／脳洞察、何回も繰り返し学び、実践し〝コネクション・プラクティス〟を広げていきたいと思っています

60代男性　会社員。ラスール。キャリアコンサルタント。第一種衛生管理者。

⌘

それはまるで、心から望んでいた本当に欲しい人生を手に入れる、魔法だ　川口久美子

2014年、きくちゆみさんから伝えてもらい、コネクション・プラクティスと出会った。そしてそこから、私の人生は大きく変わることになった。自分が本当に望む人生を、手に入れることができた。それも無理なくスムーズに、まるで何かに導かれるように。

コネプラによってもたらされた奇跡のような出来事は、本当に山のようにあり、どれを選べばいいのかわからない。

例を上げるとすれば、

①心身の健やかさ、レジリエンスを得ることができる。コネプラを知って、クイックコヒーランスを日常的にやり始めて、劇的に健やかさが増した。エネルギーが周り、持続力、体力がアップ。元気度が確実にアップ。以前より若く見えるようになったと言われることも増えた。

②直観力、洞察力の開花。ビジョンがクリアに見えるようになった。話を聞いているだけで、その相手のストーリーに関するビジョンが浮かぶ。伝えると「なぜわかるんですか?」と驚かれる。

相手の人の前世のイメージまで見えるようになった。必要な情報はハートに問えば何でもくる。しかも確実で正しい。私は毎日ブログを書いているが、ハートに「今日、どのネタで書きましょうかね?」と問いかけるとすぐにアイデアが浮かぶので助かっている。忘れ物、なくしたものを見つけることなどもあった。かなり探しても見つからなかったお茶が、洞察を得たところ、台所のシンクの右下の扉のイメージが浮かんだので開けたら、そこに本当に探していたお茶があって驚いたことも。

アイデアが次から次に湧いてくる。創造性の泉につながっている。シンクロニシティが起こる。

③集中力の向上。驚異的な仕事量をこなし続けて、しかも疲れない。効率性が満たされる。

④人の変容を見続けている。人が自分の魂の願いにつながり、輝きを取り戻す変容をずっと、見続けている。愛と感動のエネルギーに満ち溢れる。

⑤人生の意味、使命に気づき、つながれた。そして自信と喜びとともに、毎日を生きている。直観力、洞察力は、単に気持ちや感情的な喜びをもたらすだけではなく、現実世界で生きていくための物理的なメリットももたらしてくれる。

例えば、私は２０１６年から独立起業した。何もないゼロからスタートしたが、洞察を使いながらビジョンとして浮かぶイメージを実行していったところ、スムーズに収入が伸び続け、２年目の２０１７年は年商が１２００万を超えた。洞察で「次は、〜〜をすればいいよ」と言った具体的なアドバイスがもらえたからだ。普通は何もないところから始めてすぐにそのようになることはないと言われて、逆に驚いた。

あまりに普通に何の無理もなくそうなっていたからだ。何か、行き詰まったように感じた時は、いつでもすぐに、ハートに問いかければ、ほとんどすぐに答えが来る。曖昧なビジョンのような時もあれば、とても具体的な指示のような時もある。まるで本当に魔法のようだ。信じられない、奇跡が起こり続けている。

人は人とつながっている。それを、体感覚として腑《ふ》に落ちる体験ができる場。それが、パート２とパート３で学ぶ、つながりの道とつながりの調停だ。

しかも、講師だけではなく、参加者全てがいきなり、つながる体験をする。人の感情が手に取るようにわかり、何をその人が考えていたのかも、まるで乗り移ったかのように、わかってしまう。その相手の人の生死に関係なく。もう2度と会えないと思っていた人から、もう一度、声が聞けた時、奇跡的な癒しが起こる。まるでそれは魔法だ。愛と許しの魔法。人はもともと、誰でも、その魔法が使える、ということが理解できる。今、この情報に惹《ひ》かれている人は、間違いなく魁《さきがけ》だ。

人類が、人としてもう一度、この、ハートからのコミュニケーションスキルを思い出すことが出来たら、きっと、次のレベルにおいて、存続することができるはずだ。そこに大きな希望がある。それが、私がコネクション・プラクティスをやり続ける理由だ。

そして今、私は、本当に自分が心の底から望んだ魂の願いを実現しながら、毎日、喜びとともに生きている。世界に対する絶対的な信頼感とともに。「何があっても大丈夫」という自信とともに生きることができている。コネクション・プラクティスに出会えたこと、それに対する導きに対して、感謝でいっぱいになる。

50代女性　マスターラスール。ハミングソウルメッセンジャー。

⌘

会社への適応障害を乗り越え職場復帰　河田博成

２０１６年頃から、職場で求められることと自分の理想や得意とすることのギャップに体が、胸や背中がこわばるような強いストレスを感じていました。そんな状態が一年ほど続いた後、出勤準備を整え、あとは家を出るのみというところで、足が動かなくなりました。会社を休んで病院に行ったところ、適応障害の診断を受けて先の見えない休職へと突入しました。

１カ月ほど休んで多少回復した頃、自分の将来について改めて考えると、今の部署に復帰すればまた同じように体調を崩すということ、全く別の部門に行けば、今までのキャリアが活かせずキャリア形成でマイナスとなること、また異動となれば、今の部署の上司同僚に更に迷惑をかけてしまうのではないか、といったことが浮かんで、自分が何をどうしたら良いかわからず、焦りばかりが募っていました。

ちょうどその時期、大阪でコネクション・プラクティスの入門講座があり、この状況から抜け出せる可能性を感じました。

２０１７年４月に基礎コースに参加。

１つ目の「つながりのプロセス」のワークで、今まで向き合ってこなかった感情とその背景にある望みを明確な言葉にする方法を初めて体験。

こわばりが薄れ、心がふっと軽くなり、「自分が生き生きと過ごすことを優先して今の部署を離れよう」と自然と心が定まりました。ただ、この時点では上司にそれを伝えることに身がすくむ様な不安が残っていました。

2つ目の「つながりの道」のワークでは、自分の望みも上司の望みもどちらも大切にできる伝え方を模索。

すると、薄々勘付いてはいた、上司が仕事に求めているものと自分が仕事に求めていることに対する大きなギャップに肚《はら》の底から納得でき「これほど違うのならもう無理だ」と思えました。ただ、これをそのまま伝えるのは上司の望みを大切にしておらず、自分のわがままではないか、という思いから、もっと別の言い方があると思って模索しました。

しかし何も思い付かず、思い切ってそのまま「仕事で情熱を向けることのできる場所が大きく異なるので、部署を離れたい、それを受け入れてほしい」と口にしました。この言葉の後、暫くすると急に力が抜けて畳の上に大の字になっていました。

これは恐れを乗り越え、肚の底からの願いを言葉にできた、その解放感が体を巡っていたのでしょうか。ワーク前後の写真を見返すと表情の変化にとても驚かされます。

この体験の後、上司に実際に部署を離れたい旨を伝え、快諾を得て、職場復帰を果たすことができました。ワークでの体験がなければ恐れを抱いたまま復帰して、どうしたらいいのかわからず、結局擦り切れてしまっていたのではないか、と想像しています。

「恐れと願いを明確にして、洞察とともに生きる」、この体験を原点に、人びとが心穏やかに過ごすサポートをしていきたい、そんな思いから２０１８年１月にラスール認定を取得。コネクション・プラクティスをもっと広めていきたいと考えています。

３０代男性　ラスール。コネプラを用いて穏やかな心の有り様を伝えています。

⌘

自分となりたい自分への架け橋　市川恵梨子

私にとって、コネクション・プラクティスとは、自分自身との平和の架け橋。自分と相手とのつながりの架け橋。自分となりたい世界への架け橋。

自分自身の感情とニーズにつながることが、自分の内側をこんなにも平和にする、ということを実感をもって体験することができます。

そして、ハートと脳を同期させるクイックコヒーランスによって得られる洞察で、人生を自分の力で創造するパワーを得ることができます。自分との平和を実感をもって体験したのは、コネクション・プラクティスパート２で、つながりの道を歩いた時です。

わたしは父とのつながりの道を歩きました。ずっとわたしの中でわだかまりとしてあった感情、父に認められたいという感情。父はわたしを大切に思っていたんだろうか？

まず自分自身の感情とニーズにつながり、次に父の感情とニーズにつながったとき、父がどんなに自分のことを、そして家族のことを大切に思い、献身的に生きてきてくれていたのかを感じました。

推測でも、相手の感情に触れると、心が震えます。それは感情にはエネルギーがあるからです。エネルギーは物質とは関係ないから、時間も空間も関係なくつながることができます。いつでも、この瞬間から。

そして参加者みなさんとクイックコヒーランスをすると、「赦し」「愛」「融合」と洞察を得ました。

あの当時はバブル時代で、企業戦士としてバリバリ働く父は、家族の絶対的な安心と安全、経済的な安定を必死に守るために働いていたのだと、ただただ、それだけだったのだということを、感情を伴って実感することができました。

そして、わたしのことが嫌いとか、ありのままを受け入れていないとか、ではなく、むしろまったく逆で、大切だからこそ、守ろうとしてくれていたという事実に気付くことができました。この、ぐるりと１８０度変容する瞬間が、自分自身との平和の架け橋です。自分と父とのつながりを取り戻した時、自分のなかにわだかまっていた感情は姿を変え、尊く、愛おしい相手のニーズに変化しました。

自分自身が、穏やかであたたかな、平和な気持ちでいられるということは、周りにも多大な影響を与えます。私はこのコネクション・プラクティスを実践することで、より家族との関係もよくなり、自分の子どもとの関係も良くなり、そして、なにより、自分の感情や人間関係のいざこざを恐れることがなくなりました。いつでも、自分自身とつながり、対立したと感じる相手ともつながり、平和への架け橋ができるからです。

そして、洞察というパワーを得ることで、自分がどんな人生を創造したいのか、なりたい世界へとエネルギーを向けることができます。

コネクション・プラクティスのおかげで、私の人生は今、とてもエネルギーと希望に満ちています。

30代女性　ジプシーラスールとして、全国にコネプラのタネを蒔く。三姉妹の母。

⌘

亡くなった人との関係でも修復ができる　伊藤敦仁

私は2013年までの25年間、5世代にわたって引き継いできた家業を生業としてきました。少しずつ事業形態は変化して、私が代表となったときにはホームセンターの経営者として、最盛期には5店舗、200人の社員を雇用していました。

子どもの頃から後継者として育てられ、反発を覚えたこともありましたが、それが人生だと受け入れて生きてきました。父が亡くなって自分が経営者となり、10年ほど経った頃にふと「自分の人生は本当にこのことのためにあるのだろうか」という疑問が沸いてきて、紆余曲折がありましたが、奇跡的に十数億あった借入金を完済し、無事に事業を閉じることができたのです。

しかし、すっきりとしたはずの私の中に残っていたことは、すでに見送った父と母のことでした。存命中から父とも母ともしばしば衝突があり、最期まで和解することができなかったのです。

「父ともっと仕事の話がしたかった。母ともっと話しておけば良かった。」という気持ちが時折胸をよぎるのですが、「もう会うこともできないんだからどうしようもない、仕方のないことだ。」と諦めていました。

そんな折、知人の勧めで、2016年4月にコネクション・プラクティスの創始者であるリタ・マリーさんのコースに出会いました。「すでに亡くなった人との関係でも修復ができる」と聞き、思い切って父と母に向き合ってみたのです。

コースの中での体験は、私にとっては驚きで、同時にとても不思議な感覚がありました。自分の中の「もっと話したかった」という後悔がなくなって、「わかり合えて良かった」という思いで満たされました。

コースを受け終えて時間の経過と共に、自分の心がとても穏やかで、他者に対する攻撃的な気持ちや非難の気持ちを持つことが少なくなっていることに気づきました。自分は父と母との葛藤の中で、経営者というプレッシャーで自己防衛的になり、周りにとても攻撃的に生きていたことに気づきました。

つい先日も「これまでだったら、相手を攻撃するか、無視していたな」と思う出来事があったのですが、「この人がこういうことを言ってくるのには、なにか理由があるんだな」と心穏やかに受け止めている自分がいました。車の運転も以前はかなりイライラしていたのですが、常にコヒーランス状態でいることで、ストレスを感じることがほとんどなくなりました。

今、組織や企業の中で「私も苦しいのだから、あなたも苦しくて当たり前」「私も~されたから、相手にも~する」というしんどさの中で仕事をしている人が多いのではないでしょうか。ストレスによるメンタルヘルスの問題を抱えている人も多いと聞きます。

私は、このコネクション・プラクティスを経営者管理職の人たちに是非知って欲しいと思います。この連鎖を断ち切って、あたたかいつながりのある社会にしていくために、管理者層の人びとの変化が日本の社会に与える影響はとても大きいと思うからです。

５０代男性　ラスールジャパン初代代表理事。ラスール。

⌘

子どもへの怒りが減って子育てが楽に　山畑久江

私は、１１歳、８歳、６歳の子どもがいます。子どもたちは毎日、仲良くワイワイ遊んでいたかと思うと、次の瞬間大ゲンカと本当に感情が目まぐるしく変化します。

私は初めのうちは好きにさせていますが、そのうち感情を爆発させるように怒っていました。怒ってる瞬間もかなりのエネルギーを使っていますが、その後冷静になった時に、その怒った自分になぜあんなに怒ってしまったのだろうとガッカリして後悔していたのです。本当に負のスパイラルに陥ってしまっていたと思います。

この日常茶飯事の自分の子育てが、コネプラを習うまで数年間の私の悩みでした。

私の子育てしているお母さん仲間や、先輩お母さんに話を聞いて見ると、「３人いるとそうゆう感じよね」「年が近いからそんな時期かもね」「怒りがきたら、こうやれば良いよ」と色々とアドバイスをもらうのですが、頭でそれらが分かっていても、またそういうシチュエーションになると同じ繰り返しでした。

ある時、一人の知人に私の悩みを相談すると、ＮＶＣを勧めてくれる方がいたのです。その時、私は早速、ＮＶＣをネットで検索してみました。そうしたら、偶然にも私の住んでいる近くで開催されるものに、ＮＶＣメソッドを取り入れたコネクション・プラクティスを発見したのです。私は何のことだか分かっていませんでしたが、これだなと感じて迷いなしでスルッと申し込みしました。

コネクション・プラクティスで脳と心臓を同期させることを最初に学びました。次のステップの、ハート／脳／洞察をして私がこの怒りについて何を知る必要がありますか？　と聞いてみたのです。

目を閉じていると、怒っている私、微笑みながら子どもを見ている私、呆れている私、笑っている私、数人の私が子どもを見ている映像が洞察であったのです。

私は、最初不思議な感覚になりました。しかし、私の中の、色々な子どもを見ている私を客観的に感じる事で、私はなんだかとても安心したのです。それは、きっと自分が「いろんな風に感じて良いんだよ」と自分を許せたからです。

そこから、私は子どもへの怒りが前よりかなり減りました。また、怒りの感情が沸き上がって来た時にコネプラのお陰で「たっぷり自己共感をして自分に繋がる練習をする良い機会だな」と感じることが出来るようになってきました。それにより、子どもに共感してあげるスペースも、私の中で少しづつですが育まれてきています。

コネクション・プラクティスは、本当に子育てで、ちょっと行き詰まった時に有難いなぁと思いました。

３０代女性　ラスール。栄養士。足もみ。３児の母。

⌘

園児のコヒーランスで、幼稚園のトラブル件数が減少　杉本卓美

職員が、鬱になり、助けてあげられなかった悔しさから、短期療法ができる資格を沢山取りました。また、鬱や、○○障害、さまざまなストレスを抱えている親たちが、子どもの情緒を不安定にしている事を発見しました。子どもたちは情緒が安定しないと、園でおこなっている積極的な知能刺激の教育を吸収しないので伸び率が低くなるのです。そこで母親のカウンセリングを行うのと同時に、親子コミュニケーションやストレス軽減の講座を開いておりました。講座では難しい心理学の側面も優しく伝えていますが、より簡単で効果的な方法がないか模索

しておりました。

そんな折に、『完全につながる』（リタ・マリー・ジョンソン著　ハーモニクス出版）の本と出会い、内容を読み、これは実際に体験しないといけないと確信し、すぐにラスールジャパンの講座を受けに行きました。

まずは自分がコネクション・プラクティスの資格を取り、職員研修に取り組みました。職員に理解してもらったら、実際に幼児にどれくらい効果があるのか試してみる事にしました。コスタリカで、公立小学校の教育で取り入れられた事例を知り、それを幼稚園で試してみたのです。

1クラス30名編成で3歳児2クラス、4歳児2クラス、5歳児2クラス、の6学級で行ないました。

まず、実験では約3カ月間各クラスのトラブル件数をカウントし、その後毎朝にコヒーランスをした時とトラブル件数を比較してみました。

大好きなお父さんお母さんを思い浮かべたり、ご飯を作ってくれてありがとう、お友だちにありがとうなど、さまざまな感謝の思いを喚起させたりして行いました。このコヒーランス（瞑想法）をすると、気持ちが落ち着いたり、寝付きが良くなったりするのを経験しました。

コヒーランス前と後でトラブル件数を比較すると、全てのクラスでトラブルが減少しました。

少ないクラスで29%減、多いクラスで45%減、園全体では35%減と言う結果が得られました。

本来であれば比較対照群を作るところですが、全園児に体験してもらいたく、このような方法をとりました。各担任の感想は、

「コヒーランスをした日は子どもたちの雰囲気が違う」

「トラブルメーカーがコヒーランスをすると、トラブルメーカーでなくなる」

「すぐに泣いて訴えてくる子が泣かなくなった」

など、クラスにいる先生方にはコヒーランス効果が、確実に実感できるようでした。

ただ、今回の実験では目を閉じていることができない子、ゆっくりな呼吸が保てない子、等がどのクラスにも2~3人いました。振り返るとトラブルを起こす子たちのほとんどがコヒーランスができない子たちであることが解りました。

もしもクラス全員がコヒーランスを覚え、実行できれば、トラブルは激減すると予想されます。今後は、ピアノや音楽、リズムなどを利用して、どの子もできる「幼児コヒーランスメソッド」を開発できれば、もっと大きな成果が期待できると思われます。

40代男性　ラスール。幼稚園の先生へ研修でコネプラ取り入れてます。

⌘

分断からの回復　瀬戸真由美

私がコネクション・プラクティス（以下、コネプラ）を学び始めたのは、まだ、コネプラが、日本へ伝わり始めたばかりの頃。当時、6歳だった娘と、生後半年の娘を同伴しての受講だった。

あの頃、長女が「小学校には行かない」と言っていて、私は、長女と一緒に、色々な学校を見学し、教育委員会や学校との面談、家族会議を繰り返す日々の中にいた。心の中に「ホームスクール」という選択肢も見え始め、長女の気持ちを受け入れたいという思いと、さまざまな不安が交錯し、決断しきれない自分がいた。

パート1を学び、コヒーランスによる洞察のパワーを知った私は、早速、長女と実践した。娘をコヒーランスに誘導し、何がハートに浮かんだかを尋ねてみると、娘は瞳をキラキラさせながら「学校にいかなくても、ここ（家）で大丈夫。ここにいても、世界中のお友だちとつながれると思う」と言った。この時の娘の瞳の輝きが私にとって「確信」となり、小学校進学とともに、娘のホームスクールがスタートした。

それから、2年。同時期にコネプラを学び始めた仲間がラスールになり、活躍する中、私の学びは足踏み状態。長女のホームスクール、下の子も活発だ。深夜に仕事をし、毎日、楽しいけれど、余裕がなかった。

学びの場からは遠のいてしまったけど、日々、親子でコネプラを実践した。コネプラとのつながりを保ちたいという思いから、ラスールジャパンのメルマガ発行も手伝わせてもらっていた。そして、私は、それらを通じて、つながっているような気持ちになっていた。

でも、実際には、ずっと、分断されていた。分断されていたのは、自分自身とのつながり。学びたい気持ちを、時間的、金銭的なリソースを理由にして、「今は無理」と言い、自分をねじ伏せていた。ところが、あるラスールから、コネプラの素晴らしいエピソードをシェアしてもらった時、小さな嫉妬が心を突き破った。そして同時に、これまで、抑えてきた学びへの気持ちが湧き出てきた。私は、その日の内に、マスターラスールきくちゆみさんにメッセージを送っていた。

３０代女性　ライター。京都府在住。２児の母。コネプラを勉強中

⌘

ハートが教えてくれた、苦しみから離れる方法　はらみづほ

悲しくて、苦しくて、ヘトヘトで、八方塞の状況にいるとき、部屋でひとり、丁寧にコネプ

ラをやりました。

感情の奥にあったニーズは、『希望』『ゆとりスペース』『氣楽さ』『楽しみ』。「あ～ほんとにそうなんだよなぁ～。でも、いったいどうやってそこにたどり着けばいいの？」

呆然とした氣持ちで途方に暮れながら胸に手を当て、ゆっくりとした呼吸をくり返し、クイックコヒーランスからハート脳洞察へ。すると「苦しみ」という言葉が立ち上がってきて、「苦しみなさい」という軽やかな声が響いてきました。

「え?! ハートはネガティヴなことを言わないはずなのに、どういうこと？ これはハートの声じゃなく、扁桃体の声なんだろうか……？」と戸惑っていると、念を押すようにもう一度、「苦しみなさい♪」と、小さいけれどはっきりと、明るく弾む楽しげな声が、ピンク色のピースマークがほほ笑みながらウインクしているような表情とともにポーンとハートの真ん中に浮き上がってきました。

言葉の重さとは裏腹の明るい口調に面食らいつつ、「く……くるしみなさいって……」と思ったその瞬間、全身にみっちり満ちていた重苦しい巨大な暗雲が一氣にヒューッ！ と縮んでいって、漆黒の大宇宙に漂う星の一つになり、無数の星の中でニコニコとまたたいている映像が浮かびました。

突然の展開と、無数の星がまたたく大宇宙の景色の美しさにビックリしつつ、「苦しみは人間として生きる醍醐味《だいごみ》のひとつであり、楽しみの一つなんだ」と思って胸がいっぱいになり、同時にホッと拍子抜けして、脱力。一氣に全身がやわらぎ、何だか楽しくなってきて、思わずクスクス笑ってしまいました。

私の世界を覆い尽くしていた重苦しさを一陣の春風で一掃し、可能性に満ちた宇宙の美しさを見せてくれたハートのエンパワーメント。そのお手並みの鮮やかさに心底感服した、忘れられない体験です。

５０代女性　第一期ラスール。６大陸６０カ国を６年旅した、歌うコピーライター＆エコライフ研究家。

⌘

発達障害男の子の事例
――コネクション・プラクティスを導入したカウンセリングの実践から

大槻麻衣子

カウンセリングに初めて来談したときのC君は、小学5年生にしてはがっしりとした体格でしたが、うつろな瞳で肩を落とし、しょんぼりとした様子でした。お母さんの説明によると、彼は5歳の時に自閉症と診断され、衝動的に行動してしまうことが問題で、小学校4年生の頃から、多動症の症状を抑えるためのお薬を処方され、しばらく服用するも副作用が強く、断念したそうです。

目をパチパチするチックの症状も気になり、お母さんは、C君を日本の学校教育に適応させようと必死の様子で、涙を滲《にじ》ませながら話してくれました。初回は、辛そうだったお母さんのカウンセリングを主にし、C君には自由にしてうちのサロンに慣れてもらいました。

最後に「心と頭を整える素敵な方法があるからやってみよう」と言って、「コヒーランス」という概念をお教えし、お母さんとC君と一緒にemWave（エムウエィブコヒーランス度を測る器械のこと）を使って「クイックコヒーランス」を練習し、心拍変動パターンを測定してみました。

「感謝と喜びの対象」としてC君は「子犬」をイメージし、2回目の試みで上手に高いコヒーランスの値を達成できました。彼のハートから、動物に対する深い愛情と優しさが溢れ、私のハートも熱くなり、お母さんの頬を涙が伝いました。C君の瞳に、彼本来の輝きが戻った瞬間でした。

1回目の来談で「学校でも家でも叱られてばかりで、落ち込んでいる」と話していたC君に、2回目の来談では、なぜ叱られてしまうのかや、学校での人間関係について尋ねてみました。

すると、「友だちと喧嘩《けんか》してしまうから」との答え。

なぜ喧嘩してしまうのか訊《き》くと「M君がちょっかいを出してくるから」という答えが返ってきました。「どんなちょっかいを出されるの?」と訊くと、「M君はね、給食の時とかにちゃんと並ばないで自分が悪いのに、僕に嫌なことばかり言ってくるんだよ!」C君は身を乗り出して、嫌悪感を顕わにしました。

私は「それは凄く、嫌だよね」と共感を示しながら、ここでコネクション・プラクティスの手法を用い始めました。「そんな風にM君にされた時の自分の気持ちを、ここにある感情のカードの中から、選んでみて」(この時は子ども用のカードが無く、大人用のカードを、説明を加えながら用いました)C君は、すぐに「イライラする」「怒る」「混乱する」を選びました。

私が「これもあるんじゃないかな?」と、「正直で無防備な」というカードを、意味を説明しながら見せると、「うん、そう! それもある!」とC君は、瞳を輝かせて、そのカードを手に取りました。「自分の気持ちにこうして名前を付けられると嬉しいよね!」と私が言うと、彼は「うん!」と頷《うなず》き、笑顔を見せてくれました。

こうして自分の気持ちに共感した後は、相手の気持ちを推測共感する番です。

「M君のことは嫌いだと思うけど、このままずっと喧嘩は嫌だよね? これから先、M君とどうなりたい?」と訊くと、C君は「仲良くなりたい」と迷わず答えてくれました。「では、そのために、今度はM君の気持ちを想像してみよう」

C君がM君の気持ちを推測して選んだのは「イライラする」「怒っている」に加え、「うらやましい」と「ひとりぼっち、さみしい」でした。「M君は、いつも機嫌が悪くて、人との間に〝壁〟がある」だから（友だちと仲良くしている）僕を見ると羨《うらや》ましくなるのだと、C君は解説してくれました。

「だとすると、M君もきっと、本当は友だちと仲良くなりたいんだろうね。では今度は、ここにあるニーズのカードの中から、まずはC君が大切にしているものは何か、選んでみて」

「え〜っと、意味、共感、愛、希望、正直さ、お互いさま、もあるかな〜。それから、大事にするされる、つながり、楽しみ、気楽さ…」C君は次々と選んでくれました。中でも一番大切なものは「愛」。

次に、M君がその時必要としていたニーズを推測してみると、「心身の健やかさ、大事にするされる、学び、成長……、あと、友情」となり、中でも大切とC君が選んだのは「友情」でした。

自分にとって大切だった「愛」というカードをひとつの手のひらに、相手のM君にとって大切と思われた「友情」のカードをもう一方の手のひらに乗せ、見つめて確認し、それらを胸に当て、目を閉じて、深呼吸。再び「子犬」を思い浮かべてコヒーランスになり、ハートの声に耳を傾けました。数秒後に彼はパッと目を見開き、こう言いました。

「僕、M君にやさしくしてあげる！」

C君はその後、お休みしていたクラブ活動に復帰し、副部長に名乗り出たそうです。M君は相変わらず嫌なことを言ってきますが、C君がやさしく接するようになったことで、楽しく遊ぶこともできるようになったそうです。気づけばチックの症状も気にならない程度に治まってきている様子で、何よりC君の心の余裕が出来、自分の良さを出せるようになったとお母さんが喜んでいました。沢山の「心配」と「義務感」に押しつぶされそうになっていたお母さんのハートは今、「我が子の個性」への「尊敬尊重」「信頼」「喜び」「安心」「希望」そして「感謝」でいっぱいでした。

40代女性　大槻ホリスティック院長。ラスール。「地球の平和は、人の心が創る」と信じ、治療とヒプノセラピスト育成をする魂の療法家。

⌘

ラスールとしての思い 産みの母への思い 車椅子生活の長男が立って歩きだす　高橋真澄

ラスールのひとり、高橋真澄です。ラスールである僕が、どのような原理で行動しているのか共有することで、これを読んでいるあなたに、なんらかの共鳴するものがあったらうれしいな、という思いで書いています。

僕は現在、妻と子ども3人との5人ぐらし。高橋家に未曾有《みぞう》の衝撃が走ったのは、長男が小4のとき。

朝、長男を起こすと「立てない」と言う。イタズラかな？　と思いながら彼の手を引くも、座り込んでしまう。病院で検査するも原因不明。長男は車椅子生活に。

2年後。長男は歩けるようにならず、学校に行くのが嫌だ、と言うようになっていた。

僕がコネクション・プラクティスのクラスに参加したときのこと。つながりの道、というワークで、長男が歩けない問題を取り上げた。つながりの道では、まず、相手と自分を責める気持ちを表現する。

長男に対して責める気持ちなんて見つからなかった。「一緒に遊んだ記憶が少ない。仕事優先で遊ぶ予定のドタキャンを何度もした。怒鳴ったこともある。僕はダメな父親だ」と自分を責める気持ちが溢《あふ》れ出す。

不甲斐なさと申し訳無さが込み上げて、涙が止まらない。全て吐き出したとき、不思議と、長男を責める気持ちが出てきた。「いい加減にしろ。学校が嫌だとか言ってんじゃねぇ！　俺だって一生懸命やってんだ‼」十分責めきったとき。父親としてではなく、〝僕が〟、家族とのつながりと、僕自身の生きている意味を欲していることに気付いた。

すると、責めるでも、責められるでもない、静かな湖のような、心の静寂が訪れた。その直後、長男の「寂しい！」という胸がすぅっと細るような感覚。長男は寂しかったのか……と理解したとき、長男の「お父さんと一緒にいたい」という思いが痛いほど伝わってきた。長男の純粋さと、その純粋さを大事にしたい！　という僕の願いにも気付き、前に進みたい、という気持ちが沸いてくる。

そして「私は何を知るべきですか」と自らに問う。

すると、近所のお散歩コースが浮かんだ。なにかあるのだろう。翌朝、散歩に誘うと、長男が「行きたい！」と、まばゆいばかりの笑顔で言う。あまりのまばゆさに、長男に、「お父さんと気持ちがつながっていることが大事なのかな」と、思わず聞いていた。すると、「うん！」と、笑顔。その瞬間、長男が質量を取り戻したような、どしん、としたものを、確かに感じた。

その日、僕が仕事から帰ると、長男は立って歩き、謎のポーズを決めて僕を出迎えてくれた。僕は、長男が求めているつながりと、それが得られなかった寂しさ、そして、ずっと一生懸命だった自分が思い出されて、長男を抱きしめて、一緒に泣いたんだ。

長男の中で何が起こっていたのか、僕にはわからない。ただ、彼の寂しさも、輝くような笑顔も、僕の関わりが彼に影響したことは確かだ。

僕は、血の繋がった両親を覚えていない。母は16歳で僕を出産。10カ月で里子に出した。父は籍を入れなかったと聞いている。僕の戸籍を見ても、父の名前はない。僕が幼い頃に引き取ってくれた育ての両親は、本当によくしてくれた。寂しい思いをしたことも殆《ほとん》どない。僕がこの事実を知ったときから、「僕の親は育ての両親だ」と心から言えている。

コネクション・プラクティスの創始者、リタが日本に来たとき、4泊5日の合宿が開かれた。その最終日に、子どもの頃、親との関わりの中で得た心の傷を癒やす、親キリン子キリンのワークが含まれていた。僕は、産みの母が僕を手放したときの気持ちに興味が湧いて、「なぜ僕を手放したの?」という問いを、初めて持った。その瞬間、胸が張り裂けそうになり、涙が溢れた。声を上げて泣いていた。何が起こっているのか、全くわからなかった。

ただ、僕が意識できない何処かに、大きな心の傷がある。それだけはわかった。

合宿後、コネクション・プラクティスのトレーナー認定試験が開かれた。試験では、トレーナーとしての在り方や、ひとつひとつのワークの進め方、スキルのチェックが行われる。僕も試験に参加していたが、全く集中できない。心の傷に触れたことで、胸と頭にグルグルが渦巻いて苦しく、冷静ではいられないのだ。

試験が進み、つながりの道にさしかかったころ、苦しさがピークに達した。つながりの道は、極めて困難なジレンマや対立、人との感情的な問題を乗り越えるためのワークだ。会ったことのない人や、亡くなった人でも、対象となる相手が特定できれば機能する。苦しさが限界を超えそうな僕は、試験の中で、産みの母との関係性をテーマに、つながりの道を歩くことにした。つながりの道は、相手と自分を責める気持ちを表現することから始める。これまで、産みの母に対して良いも悪いも感じたことはなかったが、ここまで苦しむからには、とんでもない何かがありそう。

ドキドキしながら、道に立つ。そして、生みの母に対する気持ちを感じることを自分に許した瞬間、僕は泣き崩れた。「なんで！　なんで離れるの！　僕は産まれちゃダメだったの⁉︎　嫌だ！　離れたくない！」という気持ちが爆発し、慟哭《どうこく》していた。もうこれ以上はない、というほど、産みの母を責めて、責めて、責めきった。

すると、「生命を授かってごめんなさい、産まれてごめんなさい」と、母への申し訳無さと、この世に生を受けたことへの後悔、そして、真っ黒な世界に放り込まれるような感覚を覚えた。泣くことすら、出来ない。何もない。何も感じない。ただ暗闇の世界。これは、絶望なんだ、と気付いたとき。「本当は、命を授かったことを喜んでほしいなぁ。この世に産まれたことを祝ってほしい。お祝いしてほしい。生命の祝福で、この身を満たしたい。」という思いが、ひとつひとつ、ゆっくりと立ち上がってきた。

もう、真っ暗な世界はなくて、母を責める気持ちも、申し訳無さも後悔もない。光が差し込む静かな湖に佇《たたず》むような穏やかさと、目一杯生命を祝福したいという、体の内側から湧き上がる力を感じながら、僕は、立つことが出来た。

道を、一歩進む。母はどんな気持ちで僕を手放したのだろうか、と意識を向ける。途端、胸が張り裂けそうな思いが伝わってくる。母は、孤独と、寂しさと、怒り、諦め、そして、絶望を、抱えていたのだろうか。母は、子どもができたことや、育てることについて、周りの理解や協力が、必要だったのかな。母は、愛する人からの愛を、ぬくもりを、必要としていたのかな。母は、子どもを作っても良い、と思える人と出会えたこと、子どもを授かったこと、無事産まれたことの祝福を、必要としていたのかな……。母は、母が産まれたことの、母の生命がここに存在することの祝福を、必要としていたのかな……。

そうか。僕も、母も、生命の祝福を、必要としていたんだ。

そう気付いた時、僕は、天を見上げて泣いていた。生命の祝福を求める存在を、たしかに胸の内側に感じていた。胸を突き破らんばかりに、熱を帯びた輝きを放ち、世界の果てまで照らそうとしていた。その純粋さが、愛おしく、胸を震わすあまりの感動に、涙が溢れたのだ。

その感動と、熱を帯びた輝きを胸に抱きながら、一歩進んだ。

「このことについて、僕は、何を知るべきでしょうか。」と、自分の中にある、生命の祝福を求める存在に問いを向ける。すると、50畳はある、広くて、御簾《みす》が掛かった、殿様が居るような和室が目に浮かんだ。十二単が掛かっていて、柱のひとつひとつが古くて立派な木で出来ている。厳かな空間。その中に、鶴が一羽。ハゲヅラをかぶっている。ハゲヅラ……？　全く意味がわからない。「ハゲヅラはなに？」と、問う。

すると、和室はあるビルの一室で、それを望遠鏡で眺めている人が浮かぶ。「この人は何？」と問うと、その様子をTVモニタ越しに見ている人が浮かぶ。何の意味があるんだろう。そう問うたとき、明るく軽い感じで、「お祝いのかたちは人それぞれ。」というメッセージが、ふと、胸に浮かんだ。「お祝いは、もっとラフで良いんだ。お祝いの気持ちがあるときに、素直に祝福して良いんだ。」という気付きとともに、解き放たれたような感覚がこみ上げてきた。

これまでの僕は、「やると決まっていることはやる。できなかったら何の意味もない。何が問題なのか考えて、次の手を打つ。できるだけ遠くの大きな成果を上げることが出来てはじめて、喜ぶ権利がある。」という考えがあった。

だけど、そうじゃなくていい。いつでもどこでも、どんな些細《ささい》なことでも、祝うことが出来る。僕は、たった今僕が存在していることを、祝うことが出来る。僕を、生命の祝福を、満たすことが出来る。そんな確信が湧き上がり、僕を一歩進める。
そして、僕は、僕に誓ったんだ。「僕は、僕自身と、僕の大切な人たちに、出来る限りの愛と、祝福を送り続ける人生を歩む。母は、いつかどこかで僕の名前を見たときに、もしかして、私の子どもかしらと、思ってほしい。僕に思いを馳せてほしい。僕の中にそのような気持ちがあるのだ、ということを認めて、僕は生きていく。」

この誓いと共に、今を生き、そして、コネクション・プラクティスを伝えています。もしかしたら、本書が発刊される頃には、僕にもっと大きな気付きがあって、ぜんぜん違う僕になっているかもしれませんが、今より悪くなることはないだろう、と考えています（笑）
僕は、僕自身と、僕の大切な人たちに、そして一人でも多くの方に、笑顔で生きてほしいと願い、そのために、このスキルを実践し、伝えています。僕の物語が、読んでくださったあなたになんらかの響くものがあったらうれしいです。いつかどこかでお会いすることを、楽しみにしています。

３０代男性　ラスール。会社経営。妻と子ども3人との5人暮らし

⌘

二元論の世界を超えて　岩渕恵子

２０１５年６月、私はコネクション・プラクティスに出会いました。それからの約２年半、日常の中でますますこの学びが深まっています。現在、社団法人ラスールジャパンの運営チームメンバー、トレーニングチームリーダーとして、全国に３２名（２０１８年１月現在）いるラスールたちのためのスキル向上の機会を創造したり、コースのテキストを改善したり、実務の運営チームにも関わって、年間５００名以上の受講生に日常でコネプラを使うための発信をし続けたりしています。これらの活動はこれまでの「仕事」とはまったく違う喜びを私の人生にもたらしてくれました。全国から届くコネプラを使った生活の変化をお聞きすると、このコースに出会えた偶然の引き寄せに感謝するしかありません。

そして、学びを続ける中で感じていることがあります。それは、日本社会にもっと安心とつながりが必要だということです。あなたはあなたの仕事仲間を心から「仲間」だと言えますか？　もしそうならお祝いしたいです！

私がよく見る社会は、「ミスをしたら責められる」社会です。部下が上司に。電鉄会社がお客に。芸能人が芸能記者に。生徒が先生に。子どもが親に。私もミスをしたらきっと誰かに叱られます（きっと、ひどいミスだと「責められる」と思います）。今まではこの人間関係が当たり前だと思ってきました。

そして、その緊張感の中で生活し、逆の立場になると、私も人を責めていいものだと無意識的に思っていたのです。接客に満足できないとき、約束を反故《ほご》にされたとき、正しい間違い、善と悪、役に立つ立たない。世の中は二元論で語れるものではないと頭で理解していても、やっていることは二元論の世界観からくるものでした。人は自分が正しいと思うと、相手が間違っていると思います。

「間違いを犯したものは罰を与えられる、そこに暴力が生まれる」という言葉をコネプラで初めて聞いたとき、私はとてもびっくりしました。暴力がそんなに身近なものであること、自分も知らないうちに人に暴力を振《ふ》るっていたことに気づいて愕然《がくぜん》としました。そして、そうではない価値観で生きる世界がコネプラの学びにあると気づいたとき大きな希望を感じ、今はその希望の中で生きる毎日です。

コネクション・プラクティスとは、NVC（非暴力コミュニケーション）で共感力を育み、ハートマス研究所の開発したクイックコヒーランステクニック（脳とハートの同調）を使って直観を磨き洞察を導くことで、人の内と外に平和をもたらすスキルです。36時間のプログラムを受講し、各コースのアシスタント（ファシリテーター）を修了すると、トレーナー（ラスール）の認定コースに参加することができます。

もっともっと、企業、学校、一般の方を対象にこのつながりのスキル、いえ単にスキルを超えた世界観を広げていきたいと思っています。

是非わたしたちの仲間になってください。

５０代女性　マスターラスール。キャリアコンサルタント。ＮＬＰトレーナー。茶道教室主宰。

⌘

ハートからのパワーを感じて　くらやめぐみ

私が玄さんとゆみさんに会ったのは、８月１０日でした。ハワイ島に遊びに行っていた時、ハワイ島で知り合った方が玄さんに会うというので、付いて行きました。そこで、玄さんからコネプラのことを少し聞きました。

「自分とつながって、ハートの声に沿って行動していこう

みんながハートの声に沿って生きていたら、心が平和で争いも起きない

子どもたちにも伝えたい」

私にはこんなふうに聞こえました。

幼稚園で２５年間働いていた私は、子どもたちが自分の感じていることをそのまま表現でき

ることを大切にしていました。そして、自分を価値ある存在だと感じて、自分の人生を歩んで欲しいと思っていました。どうしたら、それが叶うのかといつも思っていました。

玄さんのお話を聞いたら、それがわかる気がました。私がそのように生きていないのに、子どもたちのことばかり、考えていたのです。

金沢で基礎講座があると知りました。体調を崩して3月に仕事を辞めてた私は行かない理由はありませんでした。それでも、何を恐れているのか、躊躇《ためら》いましたが、玄さんに、もう一度会いたくて参加することを決めました。

直感に従って決めた私でしたが、知らない街で知らない人と5日間も勉強……。不安から珍しく便秘になり、痛みと不快感が更に不安を煽《あお》っていました。キャンセルしようかと思いました。しんどかったのです。でも、「ここはひとつ、チャレンジかな」となんとなく感じて金沢へ出発しました。出かける前にこれだけ心を揺らしていたなんて、誰も知らなかったでしょう。

1日目、コヒーランスを習っているのに、私の扁桃体は大騒ぎでした。心がドンドン閉じて固くなっていくようでした。

2日目の朝、「パート1で帰ろうか、迷ってる」とみんなに伝えました。残念でしたが、帰ることを考えた方がホッとしました。とりあえずこの日が終わったら、決めることにしました。

この日も講義中、何度となくコヒーランスです。痛みがある時は感謝の気持ちでハートをいっぱいにすることなんてできませんでした。一瞬、楽しいことや気持ちいいことを想像しても、すぐに不安が覆《おお》い被《かぶ》さってきました。でも、何回も繰り返すうちに、混乱の波が穏やかになってきました。今朝、混乱している私をみんなが受け入れてくれているように感じていたので、そのことを思うと感謝でハートを満たすことができました。これを体感できたことで、こころの安定を取り戻し、2日目を乗り切り、翌日も受ける気持ちになっていました。その日は、温泉に連れて行ってもらい、とっても満たされました。

3日目、昨日教えてもらったマッサージの甲斐もあり、お腹もスッキリ。気持ちよく朝ごはんをモリモリ食べたら、お腹が痛くなってしまいました。でも、もう我慢せずに、その時の自分のニーズを満たしていきました。お腹が楽な姿勢で講座を聞いたり、休憩時間は寝転んだり1人になったり。それをすることで、すぐに回復しました。そしてまた、しばらくするとしんどくなってくるのですが、ハートの声を聞いて自分を満たしていきました。

人といる時は、「周りのペースに合わせなきゃいけない」と思っていた私は、自分のペースで動けなくて、我慢ばかりしていました。「人と違うことをしてもいい」と思って、「自分のしたいようにする（人と違うこともする）」を実行するのは、なかなか勇気のいることでした。家にはすぐに帰れません。逃げることができませんでした。「自分のしたいようにする」ことにチャレンジする場を与えてもらったようです。

私が一人で横になったり、寝転んだり、食事をしなくても、誰も私を傷つけたりしませんでした。変な人のように扱ったりしませんでした。逆に温かく見守ってくれているように感じました。私はみんなのことをそんなにひどい人だと思っていたのか、と自分に驚きました。

一日に、何度もするコヒーランスで自分のハートと仲良くなりました。一緒に受講しているみんなとのつながりも感じて、4日目、5日目と過ごすことができました。でも、すぐに扁桃体が大騒ぎ。そして、コヒーランスで落ち着く。繰り返すうちに、扁桃体大騒ぎ度の幅が狭くなり、騒ぎ出す時間の間隔も長くなっていくようでした。5日間を終えて、帰る頃が一番元気になっていました。疲れてはいましたけど。

連日の暑さの中、穏やかに講義をしてくださる玄さん。本当に驚きました。穏やかで強いパワー。コヒーランスそのもののように感じました。

私も繰り返し続けていけば、ハートからのパワーで自分がどうなるのかとワクワクします。私だけでなく、私の周りも……。「私にそんなパワーかあるのか」と思考がつぶやきますが、そんなジャッカルとも仲良くして。

今までの出会いに感謝しています。ありがとうございました。

40代女性　コネプラ基礎コースを受けたばかりの主婦。元幼稚園教諭。

⌘

コネクション・プラクティスと私　渡邊由縁

ちょうど一年前の今頃、けいけい（岩渕恵子）からこの言葉を初めて聞いた。

「コネクション・プラクティス」

このフレーズが自分の耳に届いた瞬間、直感がＹｅｓと教えてくれた。

基礎講座開催の案内があった時、何だかよくわからないけれど知らなければ話にならないと、すぐに申し込んだ。パート１からパート３まで一気に学んだ。

パート１で自分自身とつながっていると確信できた時の半端ない安心感は今でも忘れられない。それ以来分離していることにも敏感になり、早く気づけるようになったから、コヒーランステクニックを使い、出来るだけ長い時間をコヒーランス状態で過ごせるようになり希望や調和、ありのままの自分でいられるニーズは大いに満たされている。

基礎講座受講後、ファシリテーター講座や補講などを受けて、７月のゆみさんの湯河原合宿やお盆休みに開催されたケイケイの講座にファシリテーター参加して、今私は、来年のラスール認定コースを目指している。

過去の全ての点がようやく線に繋がった感覚がある。

思えば普通の人の1、5倍ぐらいのスピードで時間を駆け抜けてきたように思う。出会いと別れ、闘病、試練、幾多の出来事が人生に光と影を刻み込んできた。そんな私が導かれるようにして出会った人財育成という天職。個を輝かせることで組織を活かし、社会に貢献する、その土俵で大和魂を燃やしてきたが、迷い、傷つき、立ち止まって途方にくれる人と大勢出会う。そんな中で自分に出来ることは何か？　それを絶えず考えてきた。

そして行き着いたのは、答えは全てその人の中にある！　ということだった。

だから私は、それを引き出す気づきの機会を提供したいと願うようになり、そのために、この命を燃やすと決めた。１０年ほど前会社勤めをしながら腕を磨くために、他社での研修をしてもいいと認めてもらった時、個人事務所の屋号を「リコネクション」とした。

再結がテーマだった。

人と人、人とモノ、人と自然、本来繋がっているはずの絆をもう一度結ぶ、取り戻したいと願ってつけたもの。コネクション・プラクティスというフレーズに偶然ではない必然のようなもの、恐怖体験ではないけれど、扁桃体への特急路線クラス、考えるよりも早く本能的に反応したのは確かである。

今だから必要、今こそ求められていると感じる。

コネクション・プラクティスはスキルを超えた叡智であり、時代が要請しているものだと感じている。もっとたくさんの人に伝えたいと胸が高鳴る。

実は自分で決めたこととはいえ、学びがまだまだ浅い中でのファシリテーターデビューには不安しかなかった。自分に務まるのか？　参加者の足を引っ張りはしないだろうか？　失敗したらどうしよう？　心の矢印は完全に自分に向いていました。

そんな気持ちで湯河原駅に到着し降り立った時、ふとサレンダーというフレーズが浮かんだ。その瞬間、そうか流れのままに楽しもう！　全て委ねようと腹が据わったように思う。

五日間は瞬く間に過ぎていった、笑いあり、涙あり、緊張あり、美味しい食事あり、温泉ありの盛りだくさんのそれはそれはステキなコースだった。お一人おひとりが誠実に自分と向き合い、葛藤に苦しみながらも勇気を出して一歩前に踏み出す姿、蛹が蝶になり羽ばたくような変容が目の前で起こっている。

最終日お別れするときの皆さんは強く、優しく、逞《たくま》しく、個の輝きが確実に高まっていた。自分自身とつながり、大切にしたい人とのつながりを取り戻す、そして誰かとだれかのつながりを結びなおすサポート。昨日までお互いの存在すら知らなかったバディとのワークを通して、その方が世界で一番愛おしいと感じたり、気づきや勇気をもらったり、気づけばファシリテーターとして参加した私自身が一番成長させて頂いたように感じる。

参加者の皆さんと共に歩いたこの時間は宝物になりました。

もっと多くの人にコネプラを知ってもらいたい、ご紹介したい、コネプラを知れば、より多くの人の人生が変わる。かけがえのない自分という個を輝かせていける、人生が豊かになる！

もっと学びを深めて出会った人を応援したい、私自身も成長していきたいと心から思う今日この頃です。出会って下さった全ての方に感謝しています。ありがとう！　大好きだよ！

50代女性　出会った人を全力で応援する、人の心に火をつける人財育成のプロ。ラストル挑戦中

⌘

これで地球は大丈夫だね　いわた明珠

私がコネクション・プラクティスと出会ったのは3年前ハワイを訪れたときのことです。

「心臓にも脳がある」

森田玄さん、きくちゆみさんご夫妻のその言葉はまさに衝撃でした。

脳だけではなく、私たちは心臓でも考えている？　多少の混乱の中で、理由もなく心が踊りだすようなワクワク感を覚えたのを、今でもリアルに思い出すことができます。


その頃、私の心の中には大きな失望感やショックがありました。

東北の震災から数年を経ていましたが、その傷跡もまだまだ生々しく、中東では毎日のように幼い子どもたちがテロの犠牲になったというニュースが流れている。これから先、私たちが生きていく世界に希望はあるのだろうか…

調和という言葉からは程遠い世界。分断と分離と争いばかりが目につく。どこにも希望を感じることができなかったのを思い出します。どうにもならない無力感や焦りがありました。

そして、森田玄さんが来日の折、ハワイでお約束してくださった通り、コネプラの講座が実現しました。

子どもの頃から規格化された私たちの感情は、大人になっても自由に解き放たれることを知りません。それどころか、ますます閉じ込められ感情は「表現してはいけないもの」になってしまっています。それをあらためて感じなおし、感情に名前をつけ、大事なものを見出していく中で、長らく失望し封印していた「つながる」という感覚を思い出しました。

コヒーランスの波動が勝手に自分の周りの人に伝わって同期していくことを知って、喜びに震えました。変わって欲しかった、変えようとしてきた、でも決して変わらなかったもの。大きすぎて、とても一人では手に負えなかったものが、音を立てて変化していくような気がしました。

この講座の後、一緒に受講した友人を見送った時、突然彼女の声が震えました。何が起こったか確かめるすべもなく、私も瞬時に同期して胸が震えました。彼女が言葉を絞り出すように言ったのです。

「よかったね。これで地球は大丈夫だね。」

その安堵感、嬉しさと言ったら他に例えようのないものでした。根拠はともかく、私たちはコネプラを学んで心底安心できたのです。これでたくさんのことが変わっていく、オセロがひっくり返るようにーー。そんな確信がありました。

あの時の感動と大きな安心感を忘れません。

そして、今では、それを伝えていくためにラスールとなりました。不思議と同じ思いの方が、コネプラを学びたいとたくさんお越しになります。それは確信していることが本物だからなのだと思います。その方々にどんな時もコネプラがある、そう自信を持ってお伝えしていきたいと思っています。

この素晴らしいメソッドの生みの親であるリタと、日本に伝えてくださった森田玄さん、きくちゆみさんに、心から感謝をこめて。

５０代女性　ラスール。ヒーリングサロン経営。カウンセラー。ボディワーカー。

⌘

発達障害児をもつお母さん方への相談活動の中で　安藤雅美

わたしは臨床心理士として、発達障害児をもつお母さんたちの発達相談をしています。周りから聞こえる厳しい声に自分を責めたり、子どもの気持ちに寄り添えず苦しい思いをしているお母さんにたくさん出会ってきました。一方子どもたちは、褒められたい認めて欲しいと思いながら自分なりに頑張っているのに理解されず苦しんでいます。

そんなお母さんたちにコネクション・プラクティスを伝えることができたら、子どもとのつながりを取り戻すきっかけになるのではないか？　それによって子どもたちの生活はのびのびしたものに変わっていくのではないか？　と思いたち、日々の相談活動の中にコネプラのエッセンスを少しづつ加えることにしました。

ジャッカルことばが溢れるお母さんには、話を十分にお聴きした後に親子それぞれの感情とニーズに触れてもらいます。互いのニーズを知った時、その顔からは苦悩の色が消え、暖かな愛情溢れる表情に変化されました。繋がれないと思っていた子どもと繋がれたと感じて安堵する人、子どものニーズに気付きながらもそれを大切にできなかった自分を嘆く人、お母さんの反応はそれぞれですが、共感してくれる人がいる安心安全な場で自分の気持ちとゆっくり向き合うことで、責める叱るの関わりから認め受け止め支え合うための方法を探す関わりへと少しづつ変化していかれ、子ども自身も落ち着きを取り戻していきました。

自分の気持ちを表現することが苦手なお子さんとは、フィーリングカードを使って気持ちを聴きながら話を進めます。感情からニーズを推測してやりとりしていると、子どもの表情はどんどん緩んでいき、自分から沢山話をし始めます。それをみたお母さんは、そうやってやりとりをすれば気持ちがつながるんですね、と感想をくれました。

コヒーランスは、自分の気持ちを整える方法としてお伝えしています。インナーバランスを用いてコヒーランス状態を確認してもらうこともあります。イライラの閾値が低くなったことで子どもを叱ることが減った、寝る前にコヒーランスをするとよく眠れる、気持ちが落ち着く、リラックスできるしその方法を知れたことが安心感につながった、といった感想をいただきました。

子どもたちの困った行動にはいつも理由があります。それに気づいたとしても私たちが無意識にとってしまう関わりは指示的だったり暴力的だったりするために、より一層子どもたちの悲しみを深めてしまいかねません。

わたしの願いは、未来を作る子どもたちが自分らしく生き生きと過ごせる社会を作ること。そして、恐れや不安からの子育てではなく愛と信頼に満ちた子育てをするお母さんが一人でも増えること。母の愛は世界を変える力がある！　そう信じて、わたし自身がまだまだ未熟ではあるけれど、コネプラを通して同じ思いのお母さんたちとつながって子どもたちの未来のためにできることをし続けていきたいと思っています。

40代女性　コネプラ入門講座ファシリテーター、ママのためのサポートルームあおぞらへのとびら主宰

⌘

地球が天国になる可能性を秘めている　矢崎智子

私は、神奈川県で代替療法を行なっている医師です。元々は産婦人科医ですが、いまは一般的な診療は行っておらず、治療としてインテグレートヒーリング（ＩＨ）という、筋肉反射テストを使って潜在意識を変えるセラピーを主に行っています。

また、聖マリアのハートヒーリングというハートをひらくヒーリングを教えています。2018年5月にコネプラを初受講し、いまコネプラとＮＶＣにどっぷりとはまっています。ＮＶＣの基本ステップに、「Ｏ（観察）」「Ｆ（感情）」「Ｎ（ニーズ）」「Ｒ（リクエスト）」を明確にする、というものがあります。「観察（起きたこと）」と、それに対する「判断ジャッジメント」およびそれに付随する「感情」を区別することは、（しばしば難しいですが）自分の人生に責

任を持ち、自分のパワーを取り戻すためにとても重要なことの一つです。私は、病気をはじめとする私たちが体験していることはすべて、私たちの潜在意識が作り出している、と考えています。

なので、私の場合はＩＨというツールを使って、患者さまの潜在意識を調整することで病気を手放すお手伝いをしているのですが、ＮＶＣを知って衝撃的だったのは、ＩＨで調整していることの多くが、まさに「思い込み」「判断」「ジャッジメント」、そしてそれによって起きる「感情」だったことです。

ということは、そもそも「Ｏ（観察）」「Ｆ（感情）」をきちんとわけるということができていれば、私たちは余計に苦しむこともないし、病気にもなりにくいのではないか、と考えられるのです。なので、ＮＶＣを学ぶことは、病気を治したい患者さまにとっても必要なことなのではないかと思っています。（＊ただし、起きたことを解釈するフィルターは脳にあって、そのフィルターはまだ言語の発達していない幼少期に作られることが多いので、それについてはＩＨなどである程度調整すると良いと思います）

さらにコネプラが素晴らしいのは、ＮＶＣと心臓脳同期（コヒーランス）という、二つのすごいものを組み合わせたことで、相乗効果でよりパワフルなものになっていることです。コヒーランスによって、私たちの心は落ち着き、抑圧された感情の解放ができたり、私たちの思考を超えたハートからのメッセージである「洞察」を得ることができます。メールでコヒーランスを教えて、やってみていただいたら、うつ症状が劇的に改善した患者さまがいらっしゃいます。私も、コネプラパート２の「つながりの道」で、亡くなった父に対して持っていた深い感情を解放することができました。

私の夢は、多くの方が病気を必要としなくなって健康になること、そして対立や戦いや虐待がなくなって、地球が天国になることです。そのために、コネプラはすごい可能性を秘めていると思います。ラスールになって多くの方にコネプラを教えることで、この世を天国に一歩一歩近づけていきたいなあ、と思っています。

４０代、女性　アタナハクリニック院長医師。コネプラ基礎コース修了、ラスール候補

あとがき

2019年は、コネクション・プラクティスで幕開けしました。

ちょうど20年前の1999年、Y2K WASH（World Atomic Safety Holiday（コンピュータ2000年問題「世界原子力安全休暇」）キャンペーンの時に出会った坂口せつ子さん（せっちゃん）が、2018年の年の瀬に「コネクション・プラクティスを習いたい」と言ってきたからです。

せっちゃんは私が離婚で一番大変だった時期に、こころからのサポートを惜しみなくしてくれた友人です。「もし私が子どもたちを残して死んでしまったら、せっちゃんに育てて欲しい」と託していた仲でした。ベリーダンサーの彼女がコネプラに興味を持ってくれる確信はなかったのですが、彼女が学びたいと言ってくれた時は、本当に嬉しかった。せっちゃんのためなら、たった一人でも講座を開催する用意がありました。

しかし、その時すでに私の来日中の予定はびっしりで、唯一体が空いている日は大晦日と元旦と1月2日の3日間だけ。普通だったらありえない非常識な日程で、コネプラ基礎コース1と2を彼女のダンススタジオで開催することになりました。玄さんの生徒さん二人も参加し、ラスール（コネプラ認定講師）2名に受講生3名という中身の濃いコースでした。

コネプラを教えながらの年越しは、最高でした。

コースの最中に何度もコヒーランスをグループでやるので、コヒーランスのパワーが継続し、ずっとハートにつながっている状態が続きました。

大切な人に、自分が一番大切にしているものを伝えられること——。

私にとって、これに勝る喜びはありません。

しかも温泉宿に滞在し、美味しいものを毎日食べながら。

翌日1月3日の早朝には高崎から奈良に移動して、「安穏庵（岩渕恵子さんの新宅）」でのマスターラスール合宿、続いて京都の関西セミナーハウスでの第6回の認定コースとコネプラ三昧の日々が続きました。第6回目は6人のラスール候補生が認定トレーナーになるべく挑戦をしました。真剣なアセスメントをしながらも、泣いたり笑ったり。感動とユーモア、そして、繋がりと学びと成長と貢献が満たされる4日間でした。こんなに感動して泣いて、お腹が筋肉痛になるほど笑う認定コースって、他にあるだろうか？

生涯を振り返って、これほどうれし涙が流れる日々はかつてありません。

２０１８年１２月２２日の広島グローバルピースコヒーランスに始まった日本滞在は、コネプラの学び、コネプラ講座開催と、それを提供するラスールジャパンの運営やトレーニングチームの会議に終始しました。


全ての予定を無事終えてハワイに戻り、クリスマスとお正月を一緒に過ごせなかった子どもたちに再会しました。子どもたちは私の宝物です。彼らはＲＦＩのファミリーキャンプでパート２まで習いましたが、コネプラがどこまで伝わっているかは疑問です。

私が肉体を離れるまでに、我が子にコネプラの価値が伝わったら、最高だなあ〜。


さて、お正月休みが明けて娘がボストンに帰るときにハプニングがありました。

夫の運転でコナ国際空港まで娘を送りに行き、ハワイアン航空のカウンターで手続きを進めようとした時のこと。彼女の名前は搭乗名簿にないと言うのです。よくよく調べると、彼女が乗ることになっていた便は5時間前に出発していました。

娘はハワイの出発時間をボストン時間のまま記録していました。ハワイとボストンは5時間の時差があります。彼女が搭乗するはずだったシアトル発の乗り継ぎ便にも、もう間に合いません。彼女は翌日から大学の授業が始まるので、それに間に合うようにボストンまで帰る必要がありました。ハワイアン航空はその日はもう米国本土への便がないので、他の航空会社を当たってくれ、と言われました。

何れにせよ、航空券は買い直すしかありません。

空港で航空券を買うと高いので、私たちは一日空港を離れてインターネットのつながるところを探しました。空港から一番近いカフェはちょうど閉店したところでダメ、その近くのWi-fiが飛んでるホームデポ（DIYの店）で、娘とボストンへのフライトを探すことにしました。

娘は携帯でグーグルフライトを検索していますが、当日の予約ができない、と言っています。その隣で私はハワイから米国本土に飛んでいる航空会社を調べ、ユナイテッド航空の公式サイトでボストン行き航空券を２８９ドル（格安！）で購入できました。

結局、その日の夜9時にコナを出発することになり、一旦家に帰って、もう一度、娘は私のご飯を食べました。私は揚げ出し豆腐やほうれん草のおひたしなど、娘が食べたいという和食を作りました。

この間、私は焦ることも怒ることもなく、即座に起きたことに対応して解決策を見つけました。そして、娘に「ママの料理が最高！」と言ってもらえるディナーをもう一度用意することもできて、最高に幸せでした。

かつての私なら、びっくりして慌てふためき、娘を叱って不注意を責め、時間を確認しなかった自分を責め、おそらく、娘に航空券代を返せ、と怒鳴っていたと思います。コネプラと毎日練習しているコヒーランスの成果が、私の日常に現れてきています。何と言っても、家族と実践するのは最も難しいですから、この日は自分自身の成長を喜びました。

私はもちろんまだまだ完全からは程遠いです。ひたすら毎日、毎日、チャンスがあるたびに「繋がりの練習（＝コネクション・プラクティス）」を続けています。

まずコヒーランスで私の脳とハートをつなぎ、そして自分と相手の言動の奥にある「人類普遍のニーズ」を探求して、そのニーズのエネルギーを味わいます。そしてハートの声に耳を澄まします。私は心臓が動いている限り、コネプラを実践しながら生きるでしょう。

実は私の夢は、３０年前も今も同じです。

「地球環境を守り、心身ともに健やかな人を増やし、平和な地球を創る」

生まれてきた赤ちゃんが、健やかで幸せな人生を全うできる地球を切望しています。そんな風に生きられる人が増えれば、私の生まれてきた意味があります。

長年私は「平和を作る、環境と健康を守る」と言いながら、やってきたことは「空の稲妻に指図」するようなことばかりでした。

コネプラを学んだ今は、その前に「まず自分のこころの嵐を鎮める」ことが私の最初の仕事であることを肝に銘じています。

私は残りの人生をかけて、コネプラを必要としている人たちに届けることに尽力します。

この原稿を書いているとき、ＲＦＩの「国際アウトリーチ・ディレクター」（世界各地にコネプラを広める役割）に任命されました。

私はマスターラスール。

コスタリカの山で子どもたちにこころの平和を創る秘密を教えたラスールのように、日本と世界を旅して、これからもコネプラの種を蒔き続けます。

一度コネプラの種を受け取り、その種を育て続ける人は、心臓が止まるまで進化し続けることでしょう。

ハワイで、日本で、世界のどこかで、あなたと過ごす時間を楽しみにしています。

アメリカのコネプラ仲間と過ごしたサンノゼからハワイに戻る機中にて　　きくちゆみ

著者　きくち　ゆみ
著作・翻訳家、健康コンサルタント。一般社団法人ラスールジャパン共同創設者、マスターラスール、RFI国際アウトリーチディレクター、ふくしまキッズハワイ共同代表

東京に生れ育つ。お茶の水女子大学文教育学部卒。マスコミと金融界（米銀債券トレーダー）を経て、1990年から環境と健康を守ることをライフワークに。2001年911事件を機にグローバルピースキャンペーン（GPC）を始める。14年間千葉県鴨川で自然育児と自給自足を目指す。2011年３月11日の福島第一原発震災を機に家族でハワイ島に移住。現在は日本の自然療法（快医学）とコネクションプラクティスを次世代に渡すことに尽力中。
最新訳書『完全につながる』（リタ・マリー・ジョンソン著）、ベストセラーは『戦争中毒』。『バタフライ　もし地球が蝶になったら』『ハーモニクスライフ』他、著訳書多数。本作品は『地球と一緒に生きる』「地球を愛して生きる』（ともに八月書館刊）と三部作。

きくちゆみのブログ: https://kikuchiyumi.blogspot.com
ラスールジャパン: http://rasurjapan.com

地球とハートでつながる——コネクション・プラクティスへの道

発行日　2019年５月15日　第１版第１刷発行
著　者　きくち　ゆみ
発行所　株式会社八月書館
〒113 - 0033　東京都文京区本郷２ - 16 - 12 ストーク森山 302
TEL 03 - 3815 - 0672　FAX 03 - 3815 - 0642
郵便振替 00170 - 2 - 34062
装　画　おだ　まゆみ
装　幀　柊 光紘
印刷所　創栄図書印刷株式会社

ISBN978 - 4 - 909269 - 06 - 5　　定価はカバーに表示してあります